Management des risques

Éditions d'Organisation
Groupe Eyrolles
61, bd Saint-Germain
75240 Paris Cedex 05
www.editions-organisation.com
www.editions-eyrolles.com

Directeur d'ouvrage : Caroline Selmer

Pascal Kerebel

Management des risques

Inclus secteurs
Banque et Assurance

EYROLLES
Éditions d'Organisation

Sommaire

Préface

En matière de management des risques, on n'a jamais raison seul et c'est toujours du partage des expériences que naît l'innovation. Le groupe de travail que je préside à l'Association nationale des directeurs financiers et de contrôle de gestion (DFCG), via les échanges que nous avons entre professionnels du contrôle interne et du risk management, en est l'illustration. Pascal Kerebel est un contributeur majeur de ce groupe et du cahier technique que nous produisons en ce moment sur la communication sur l'efficacité du contrôle interne. Le présent ouvrage, dont j'ai l'honneur de rédiger la préface, est une synthèse des meilleures pratiques méthodologiques existantes en termes de risk management, tant au niveau industriel que dans la banque et l'assurance.

L'ouvrage a l'intérêt majeur de présenter des « boîtes à outils » opérationnelles, traitant d'aspects méthodologiques mais aussi comportementaux, dans lesquelles les différents professionnels peuvent « piocher » afin de déployer leurs dispositifs de management du risque.

L'auteur développe aussi des thématiques de réflexion sur les limites des dispositifs méthodologiques actuels, et sur la complémentarité des fonctions d'audit interne, de contrôle interne, de risk management et de qualité.

La montée en puissance des dispositifs de risk management est une priorité majeure des groupes cotés. L'actualité récente nous montre, malheureusement, les limites des dispositifs mis en œuvre et l'obligation impérative de repenser la mise sous contrôle des risques significatifs pouvant remettre en cause les objectifs stratégiques, voire la pérennité des organisations.

Construire un dispositif de risk management n'est pas un exercice figé dans le temps ni définitif. Il se doit d'être adaptable et évolutif. Bien positionné et disposant de moyens suffisants, il est un vecteur d'amélioration de performance et permet de fédérer les acteurs autour d'un même objectif.

L'ouvrage de Pascal, en intégrant les meilleures pratiques en termes de gouvernance et de conformité, contribue de façon significative à la nécessaire refondation des dispositifs de management du risque et de contrôle interne. Il permet de redonner du sens à l'action en rappelant que les facteurs clés de succès d'une telle démarche restent le bon sens et l'implication des dirigeants.

Florence Giot,
Présidente de la commission contrôle interne
de la DFCG

Introduction

L'objectif de cet ouvrage est de présenter l'ensemble des options offertes aux entreprises, en vue de mettre sous contrôle leurs risques pour protéger leurs intérêts stratégiques, ainsi que la rémunération des preneurs de risques finançant leurs activités. L'ouvrage met en exergue deux concepts :

- la notion de corporate risk management met en relief la nécessité pour l'entreprise de placer sous contrôle les risques purs, c'est-à-dire les risques aléatoires ne se traduisant que par une perte financière s'ils se matérialisent (incendie, rupture d'approvisionnement, etc.). Le corporate risk management se fixe donc pour objectifs d'identifier et de mettre sous contrôle cette typologie de risques, en mettant tout en œuvre pour que ces risques ne puissent se matérialiser, mais aussi, le risque zéro n'existant pas, à mettre en œuvre des outils de gestion de crise dans l'hypothèse de la matérialisation du risque ;

- la notion de business risk management, quant à elle, souligne la nécessité de mettre sous contrôle des risques stratégiques et financiers spéculatifs (c'est-à-dire se traduisant par un gain ou une perte). La démarche vise donc à s'assurer que l'ensemble des décisions stratégiques sont effectivement mises sous contrôle (lancement d'un nouveau produit, rachat d'une société, création d'une filiale).

Les deux démarches s'avèrent donc complémentaires puisque le corporate risk management vise à protéger les orientations stratégiques définies dans le cadre de l'élaboration du *business model* et du *business plan,* alors que le business risk management vise à s'assurer que les dispositifs de pilotage ou d'atterrissage sont effectivement mis sous contrôle.

Notre objectif pédagogique est de présenter dans cet ouvrage la boîte à outils du manager des risques quel qu'il soit (directeur financier, DAF, directeur opérationnel, contrôleur, auditeur interne), en lui proposant des axes d'actions et de progrès faciles à mettre en œuvre.

L'ouvrage présente, tout d'abord, les grands principes méthodologiques inhérents à la mise en œuvre d'un dispositif de risk management efficace. Il expose ensuite les outils dédiés aux groupes industriels ; et enfin, les démarches applicables aux banques et compagnies d'assurances.

Il s'agit ici de faire prendre conscience au lecteur que l'évolution des réglementations lui demandera de :

- mettre en exergue les risques significatifs pouvant affecter le *business model* de l'entreprise ;

- quantifier les impacts de la réalisation de ces risques en termes de *key data* (cash-flows, résultat opérationnel, etc.).

Nous espérons que cet ouvrage vous permettra de construire, avec la plus grande efficacité, le dispositif de risk management de votre entreprise.

PREMIÈRE PARTIE

Contraintes réglementaires et méthodologies

L'objectif de cette première partie consiste à présenter au lecteur :
- les contraintes réglementaires imposées aux groupes en termes de construction de dispositif de risk management ;
- la méthodologie de référence applicable en termes d'identification et de mise sous contrôle des risques.

Chapitre 1

Présentation des contraintes réglementaires

Analyse comparative des réglementations LSF, Sarbanes-Oxley, 8e directive européenne sur l'audit légal

Les réglementations américaines ou européennes concernant le corporate risk management visent à s'assurer de la mise sous contrôle effective des risques purs pouvant affecter la surface financière des groupes cotés et créer des dommages environnementaux substantiels.

Préconisations des réglementations européenne et américaine en termes de corporate risk management

Analyse comparative des réglementations sur le corporate risk management

Points communs entre réglementations	Points spécifiques		
	Sarbanes-Oxley	8e directive européenne	LSF
Objectifs			
Sécuriser l'actionnaire et l'investisseur quant à la sincérité des états financiers S'engager sur la protection des cash-flows et de la rémunération de l'actionnaire	Prévenir la reconduction d'un scandale financier type Enron	Prévenir la reconduction d'un scandale financier type Parmalat	
Définition du contrôle interne et des risques			
Pas de définition commune	Orientation révision comptable et prévention de la criminalité interne	Concept de risk management	Absence de définition spécifique
Champ ou types de risques pris en compte, purs ou spéculatifs			
Pas de définition commune	Risques affectant la sincérité des comptes Risques liés aux processus générant l'écriture comptable (malveillance, négligence, pannes des SI...)	Pas de définition spécifique Directive tournée vers la révision comptable	Pas de définition spécifique des risques

Points communs entre réglementations	Points spécifiques		
	Sarbanes-Oxley	**8ᵉ directive européenne**	**LSF**
Méthodologie de référence			
Aucune méthodologie commune à ce jour Convergence potentielle à terme vers le COSO	Mise en exergue de l'environnement du contrôle interne et du comportement *risk assessment*	Pas de méthodologie commune Groupe de travail en place	AMF préconisant la méthodologie de l'IFACI, de l'IIA, du Medef, de l'Afep

(Source : Sarbanes Oxley Act, LSF, 8ᵉ directive européenne sur l'audit légal.)

Limite des réglementations européenne et américaine en termes de risk management

L'actualité récente (octobre 2008) montre les limites des dispositifs de mise sous contrôle des risques des groupes cotés (les récents scandales financiers tels que celui des subprimes aux États-Unis, et la chute du système bancaire et international en sont les preuves manifestes).

Une analyse critique des réglementations telles que la loi Sarbanes-Oxley ou la 8ᵉ directive européenne sur l'audit légal fait ressortir les insuffisances suivantes :

- le volet environnement du contrôle ne permet pas, dans sa construction intellectuelle actuelle, de maîtriser les risques stratégiques des groupes cotés (tels que le risque lié au lancement de nouveaux produits, le risque de remise en cause de la responsabilité pénale des mandataires sociaux, une erreur de stratégie affectant la rémunération de l'actionnaire, etc.). En effet, cette composante du dispositif du COSO (Committee of Sponsoring Organizations of the Treadway Commission), méthodologie de référence des principales réglementations portant sur le contrôle interne, n'est pas étayée sur des outils de contrôle effectifs, mais sur un simple principe d'engagement sur l'honneur des dirigeants à appliquer un corpus de règles éthiques et déontologiques ;

- le dispositif du COSO ne raisonne *stricto sensu* qu'en termes de mise sous contrôle des processus. Ainsi, ce dispositif ne prévoit pas de façon explicite les modes de mise sous contrôle des projets à risque pouvant affecter de façon substantielle l'atteinte des objectifs stratégiques des groupes cotés (cas de l'A380 chez Airbus) ;

- le périmètre des processus mis sous contrôle dans la méthodologie du COSO n'est pas suffisamment transverse, et limité au périmètre de consolidation de l'entreprise. Or les risques émergents peuvent être générés par des processus transverses amont (risque de rupture d'approvisionnement) ou aval (risque de distribution) portés par des parties prenantes.

La loi du 3 juillet 2008

La loi du 3 juillet 2008 renforce les exigences des groupes cotés français en termes de description de dispositifs de risk management : « Dans les sociétés faisant appel à l'épargne, le président du conseil d'administration rend compte dans un rapport joint de la composition, des conditions de préparation et d'organisation des travaux du conseil, ainsi que des procédures de contrôle interne et de gestion des risques mises en œuvre par la société… » (article 26).

Cette loi complète le rapport de place de l'AMF (Autorité des marchés financiers), qui fait référence explicitement à la notion de management des risques :

« Le dispositif de contrôle interne, qui est adapté aux caractéristiques de chaque société, doit prévoir un système visant à recenser et analyser les principaux risques identifiables au regard des objectifs de la société et à s'assurer de l'existence de procédures de gestion de ces risques. »

La recommandation de l'AMF ne requiert toutefois pas le descriptif du dispositif de management des risques. Ainsi, le rapport AMF sur les rapports LSF (loi de sécurité financière) note que seulement 43 % des rapports 2006 mentionnent l'existence d'une cartographie des risques.

La loi du 3 juillet 2008 rend la communication de cette cartographie obligatoire.

La transposition de la 8e directive européenne en droit interne français (décembre 2008)

La 8e directive européenne sur l'audit légal, émise le 17 mai 2006, dont la transposition initiale en droit interne français était prévue le 29 juin 2008, a été intégrée au final en décembre 2008.

Elle rend obligatoire la mise en place d'un comité d'audit pour les entités d'intérêt public en charge du suivi de l'efficacité des systèmes de contrôle interne, d'audit interne et de *gestion des risques* de la société.

Même si la 8e directive européenne prévoit explicitement d'évaluer l'efficacité du dispositif de contrôle interne et de management des risques, elle ne se prononce pas à ce jour sur une communication externe officielle portant sur les résultats du suivi de l'efficacité des dispositifs de contrôle interne et de management des risques.

La réglementation concernant les risques hautement protégés

Les autorités de tutelle et les gouvernements ont pris conscience depuis plus d'une décennie de la nécessité de mettre sous contrôle les risques d'atteinte à l'environnement, tant du point de vue écologique que du point de vue de la protection de la rémunération de l'actionnaire et de l'atteinte des objectifs stratégiques en cas de sinistre majeur.

Risques hautement protégés et Seveso II

La directive Seveso II vise les établissements potentiellement dangereux (chimie, pétrole, sidérurgie, etc.) au travers d'une liste d'activités et de substances associées à des seuils de classement. Elle définit deux catégories d'entreprises en fonction de la quantité de substances dangereuses présentes.

Les entreprises mettant en œuvre les plus grandes quantités de substances dangereuses, dites « Seveso II seuils hauts », font l'objet d'une attention particulière de l'État :

- les dangers doivent être clairement identifiés (y compris les effets domino) et l'analyse des risques doit être réalisée ;
- leur exploitant doit définir une politique de prévention des accidents majeurs et mettre en place un système de gestion de la sécurité pour son application ;
- des mesures techniques de prévention, élaborées par les inspecteurs des installations classées sur la base d'études de dangers, leur sont imposées par arrêtés préfectoraux dans le cadre d'une procédure d'autorisation ;
- un programme d'inspection est planifié par l'inspection des installations classées ;
- des plans d'urgence sont élaborés pour faire face à un accident : POI (plan d'opération interne) mis en œuvre par les exploitants, et PPI (plan particulier d'intervention) mis en œuvre par le préfet en cas d'accident débordant les limites de l'établissement ;
- une information préventive des populations concernées doit être organisée ;
- enfin, à l'intérieur des zones de risques définies par l'État, les communes sont tenues de prendre en compte l'existence de ces risques pour leur urbanisation future.

Les entreprises dites « Seveso II seuils bas » ont des contraintes moindres, mais doivent élaborer une politique de prévention des accidents majeurs. La conformité avec un tel dispositif présuppose la construction, à titre préventif, d'outils de gestion de crise environnementale (plan d'urgence ; communication de crise, cellule de crise et plan de reprise d'activité des processus critiques suite à atteinte à l'environnement).

Loi NRE et mise sous contrôle des risques environnementaux

Publiée au *Journal officiel* le 15 mai 2001, la loi sur les nouvelles régulations économiques, appelée plus communément « loi NRE », a pour objectif de réduire les effets néfastes des dysfonctionnements internes et de la mondialisation.

Fondée sur une exigence de transparence de l'information, cette loi instaure que les sociétés françaises cotées devront présenter, dans le rapport de gestion annuel, parallèlement à leurs informations comptables et financières, des données sur les conséquences environnementales et sociales de leurs activités.

La loi NRE est entrée en vigueur par un décret en date du 20 février 2002 et s'applique à partir du 1er janvier 2003, depuis les exercices ouverts à partir du 1er janvier 2002.

Les principales limites de la loi NRE

Elles concernent :

- l'absence de sanctions ;
- le manque de dispositifs de contrôle ;
- l'absence de définition précise concernant le périmètre concerné (holding ou groupe, mondial ou national).

La recommandation du Conseil national de la comptabilité (CNC) français en termes de comptabilité environnementale

Publiée le 21 octobre 2003, cette recommandation vise à prendre en considération les aspects environnementaux dans les comptes individuels et consolidés des entreprises. Il s'agit pour les entreprises d'afficher dans leurs états financiers les dépenses supplémentaires engagées pour réparer ou prévenir les dommages causés à l'environnement.

Le texte voté par l'assemblée plénière du CNC a été bien accueilli par l'AMF. Le CNC a voulu traduire dans le droit interne une recommandation de la Commission européenne publiée au *Journal officiel des Communautés européennes* le 13 juin 2001.

Le texte du CNC propose d'établir un tableau des dépenses environnementales tiré du modèle Eurostat (Office statistique des Communautés européennes), en ventilant les dépenses par types d'actions (traitement, élimination, mesure, recyclage et prévention de déchets polluants) et par domaines (eaux, déchets, sols, bruit, rayonnement…).

Référentiels comptables IFRS et US GAAP

Les référentiels comptables d'origine anglo-saxonne ont toujours fait ressortir, via le format des états financiers, l'importance donnée à la dimension corporate risk management en tant qu'attribution majeure du *top management*. Ainsi, les référentiels US GAAP et IFRS ont historiquement fait ressortir trois concepts significatifs en termes de structuration du compte de résultat :

- la notion de résultat opérationnel (IFRS), équivalant à l'EBIT (Earnings Before Interest and Taxes) américain, correspondant au résultat généré par les processus métier dans une optique de continuité de l'exploitation ;
- la notion d'éléments inhabituels (*exceptional items*), intégrant à la fois les choix de restructuration décidés par le *top management* dans l'intérêt de la protection de la rémunération de l'actionnaire, et le coût des sinistres anticipables que les dirigeants sont censés anticiper ;
- le concept d'éléments extraordinaires (*extraordinary items*), correspondant à des situations de crise impossibles à anticiper par les dirigeants de l'entreprise (du type tremblement de terre dans une zone non sismique) donnant lieu à une indemnisation assurance.

La notion d'éléments extraordinaires a aujourd'hui disparu, mettant en exergue le fait que ces référentiels comptables considèrent que le risk management est une attribution majeure du *top management*, et que l'incapacité de protéger la rémunération de l'actionnaire et de protéger les cash-flows de l'entreprise relève d'une insuffisance substantielle du *top management*.

De surcroît, le référentiel IFRS fait ressortir la notion de composantes (inexistante en US GAAP) ayant pour effet de minimiser la notion de provisions pour risques.

En effet, la norme IAS 16 impose la décomposition des immobilisations corporelles en composantes impactant les flux de trésorerie prévisionnelle générés par l'actif.

Ainsi, les groupes industriels constituent des composantes telles que :

- investissements de sécurité ;
- pièces de rechange ;
- démantèlement ;
- décontamination des sols ;
- fermeture quinquennale pour grand entretien.

Elles sont amorties sur la durée d'usage de chaque composante.

La notion de composante met en exergue le principe de mise sous contrôle prévisionnelle des risques industriels. Ainsi :

- la programmation des investissements de sécurité a pour objectif de protéger les cash-flows générés par l'actif ;
- la budgétisation des pièces de rechange a pour finalité de prévenir le bris de machine.

La comptabilité financière IFRS démontre ainsi que tous les actifs de l'entreprise sont mis sous contrôle en vue de sécuriser les cash-flows de cette dernière.

Chapitre 2

Méthodologie d'identification et d'analyse des risques

L'identification rationnelle et objective des risques de sinistralité est basée sur la réponse à quatre types d'interrogations :

• Quels sont les outils permettant une identification objective des risques ?

• Comment évaluer l'impact d'un sinistre majeur sur les objectifs stratégiques ?

• Comment évaluer les conséquences financières d'un sinistre majeur ?

• Quels enseignements tirer de l'évolution de la sinistralité antérieure ?

Outils d'identification des risques

L'une des principales difficultés du risk management est d'identifier les risques d'un groupe de façon objective et rationnelle. Il est indispensable d'aboutir à la réalisation d'une cartographie des risques faisant ressortir en priorité les méta-risques émergents.

Le risk manager n'a pas le droit de fonder sa cartographie sur un ressenti subjectif basé sur sa personnalité et son vécu professionnel. Il doit au contraire appuyer sa démarche sur plusieurs outils d'identification des risques qu'il va utiliser dans une optique de circularisation (la réponse apportée par ces outils doit en effet converger). Nous étudierons donc dans ce chapitre les outils suivants :

• l'audit documentaire ;

• les entretiens ;

• les visites de sites ;

• les questionnaires.

Audit documentaire et audit en risk management

L'audit documentaire est un outil essentiel en vue d'une identification rationnelle et objective des risques.

Dans la phase amont, l'auditeur va demander un certain nombre de documents, qu'il exploitera partiellement avant d'aller sur le terrain (phase de « travail à plat »).

Pendant la phase de déroulement de l'audit, l'auditeur va confronter ses sources documentaires avec les informations collectées via les interviews et la visite de sites.

En phase post-mission (rédaction du rapport), le risk manager préconisera ; compte tenu de ses conclusions, un certain nombre d'ajustements concernant les informations qu'il a collectées en phase initiale (modifications de clauses contractuelles, renégociation des clauses assurance, consultation du marché assurance, etc.).

Exemple de cartographies de méta-risques dans un groupe industriel

RISQUES EXTERNES

Institutionnel et Société
- Environnement politique
- Environnement juridique
- Environnement social
- Environnement sociétal
- Réglementation
- Mécanisme de fixation des prix
- Environnement économique et monétaire

Marché
- Concurrence
- Attentes clients / marché
- Mutation technologique
- Marchés financiers

Catastrophe
- Catastrophe naturelle
- Accident d'origine externe / Trouble externe

RISQUES OPERATIONNELS

Commercial
- Stratégie
- Satisfaction clients / Services
- Qualité Produit / Santé Produit
- Gestion commerciale

Exploitation
- Outil industriel
- Outil de distribution
- Sous-traitance
- Conformité réglementaire
- Maîtrise coûts de production

Finance
- Risques de marchés (change, taux, prix matière)
- Financement / Trésorerie
- Fiscalité/ Douanes
- Assurance
- Comptabilité

RH
- Gestion compétences et savoir
- Évaluation / Motivation
- Gestion administrative
- Climat / Relations sociales
- Santé des employés

Juridique
- Droit de la concurrence
- Conformité réglementaire
- Suivi des litiges
- Négociation et contractualisation des accords
- Connaissance des accords

Appro / Achats
- Chaîne matière
- Ressources produit (appro)
- Achats biens & services

Comportement
- Éthique
- Fraude
- Respect des procédures

Sécurité / Sûreté / Environnement
- Risque technologique
- Risque opérationnel
- Risque transport
- Sûreté biens et personnes
- Environnement
- Pollution

SIT
- Performance
- Sûreté de l'information
- Conduite de projet SI
- Gestion des changements
- Exploitation informatique
- Habilitations/ Séparation tâches

Image
- Image / Communication

STRATÉGIE – MANAGEMENT – PILOTAGE

Stratégie / Développement
- Veille stratégique
- Veille technologique / R&D / Conception
- Propriété industrielle
- Acquisition / Cession
- Maîtrise partenariats / co-entreprises
- Gestion de projet

Management / Organisation
- Efficacité de l'organisation/ gestion des responsabilités
- Gestion du changement
- Plan de continuité d'activité
- Gestion de crise

Pilotage de la performance
- Pertinence des indicateurs
- Contrôle des participations

Exemple de cartographie des méta-risques

Audit documentaire pré-mission

Dans la phase documentaire pré-mission, le risk manager va demander à l'entité auditée de lui transmettre un certain nombre de documents. La liste des documents à transmettre dépend de fait du type de risque à auditer.

Cependant, il s'avère possible de lister de façon générique les principaux documents demandés :

- programme d'assurance national ou international ;
- transmission des clauses des principaux contrats ;
- états analytiques et tableaux de bord ;
- états financiers certifiés ;
- experts techniques et expertises préalables de capitaux ;
- procédures de sécurité et de gestion de crise (si existantes) ;
- tests des plans de reprise d'activité ;
- schéma directeur des systèmes d'information ;
- plan de protection des informations.

Une fois ces documents collectés (dans les faits, le risk manager ne collecte qu'une partie des informations en pré-mission), il s'assure de la fiabilité des informations transmises en utilisant les techniques de circularisation (demande d'information parallèle à l'externe, vérification de la certification des comptes, vérification de la non-rétroactivité des contrats, etc.).

Enfin, il commence à analyser les documents qui sont directement exploitables (analyse des clauses de contrats, analyse financière, etc.).

Audit documentaire pendant la mission

L'objectif du déroulement de la mission sur le terrain est de confronter l'identification des risques identifiés en phase post-mission d'audit avec les risques réellement tracés via interviews et/ou questionnaires et visites de sites.

Exploitation documentaire post-mission

L'exploitation documentaire post-mission va se traduire par des préconisations substantielles faites par le risk manager. Ainsi, les principales préconisations possibles sont les suivantes :

• souscription d'une nouvelle police d'assurance ;

• modification de clauses contractuelles ;

• signatures de contrats de back-up[1] ;

• rédaction de nouvelles procédures ;

• modification du contenu des procédures existantes.

Entretiens

La technique d'entretien s'avère être une technique essentielle à l'identification objective et rationnelle des risques, et ce, tout particulièrement en culture d'entreprise latine.

L'objectif de cet entretien est : d'une part, de s'assurer de la connaissance par les opérationnels des dispositifs de risk management mis en œuvre par l'entreprise ; d'autre part, d'évaluer avec eux les risques potentiels qui pourraient affecter les processus métiers et les risques du groupe.

L'interview se déroule en trois grandes étapes.

Analyse du passé

Le risk manager interviewe l'audité sur les cas de sinistres ou de gestion de crise qu'il a été amené à vivre dans le passé en adoptant un questionnement du type :

« Avez-vous été amené à vivre dans le passé une situation de crise ? Si oui, quels sont, de votre point de vue, les dispositifs mis effectivement en œuvre par le groupe pour gérer cette situation ? »

L'objectif de cette question est de savoir si les dispositifs mis en œuvre par le groupe sont connus et effectivement communiqués aux opérationnels.

---

1. Back-up : mise à disposition de ressources logistiques en cas de sinistre.

Projection sur le futur

L'objectif de cette partie de l'entretien consiste à identifier les risques potentiels que les opérationnels ont identifiés et qui n'ont pas été reportés au niveau du risk management.

La structure de questionnement est la suivante : « Avez-vous identifié ou pensé à des risques qui pourraient se matérialiser ? Êtes-vous déjà passé sur le "fil du rasoir" ? De votre point de vue, si le risque se matérialisait, le groupe saurait-il mettre en œuvre les dispositifs adéquats ? »

L'objectif de cette question est d'aller vérifier sur le terrain si le ressenti de l'opérationnel est confirmé ou non. Cette logique de questionnement peut permettre une priorisation de mesures correctrices à mettre en œuvre.

Simulation d'une situation de crise

L'objectif de cette dernière étape de l'interview consiste à construire avec l'audité le contenu opérationnel de son plan de reprise d'activité en cas de situation de crise.

La structure de simulation à adopter est la suivante :

« Vous arrivez sur votre lieu de travail à 7 h 45. Sur place votre siège social est détruit à 100 %. Le préfet, les médias, les salariés, la protection civile, les pompiers sont présents. Les camions arrivent avec les composantes. Que faites-vous ? »

L'objectif de cette simulation est de décrire les moyens logistiques qui devront être mis en œuvre en cas de situation de crise en vue d'assurer la continuité de l'exploitation des processus critiques.

L'exercice a pour objectif de décrire et d'identifier :

- les processus critiques qui devront être redéployés en cas de situation de crise ;
- les actifs stratégiques (machines-outils, moules, etc.) qui devront être protégés en priorité en cas de sinistre ;
- les hommes clés qui devront être déplacés sur le site de secours ;
- les ressources non utilisées avant sinistre (m^2, m^3, véhicules disponibles, etc.) ;
- les contrats de back-up avec les sous-traitants, fournisseurs, constructeurs informatiques, etc.

Visites de site

La visite de site est un outil essentiel en termes d'identification des risques. Elle permet par exemple d'observer les attitudes et les comportements des salariés en matière de respect des consignes de sécurité. Elle permet, d'autre part, à l'auditeur d'observer des dysfonctionnements ou des anomalies concernant l'organisation de l'entreprise pouvant générer des dommages potentiels.

Elle permet aussi de réactualiser des éléments liés à l'audit documentaire (exemple d'un plan de masse ne correspondant plus à la configuration réelle actuelle du site).

Questionnaires

L'identification des risques à partir des questionnaires est très utilisée dans les organisations anglo-saxonnes et présuppose l'existence d'un dispositif de risk management mûr et efficace.

Le questionnement permet de réaliser des benchmarks intersites et intragroupe, et de produire à ce titre des rosaces de performance permettant d'identifier les centres de risque[1] n'appliquant pas à la lettre les procédures de sécurité et de gestion de crise.

Ce dispositif est inadapté dans le cas de la construction d'un dispositif de risk management et, dans cette hypothèse, on privilégiera les techniques d'interviews.

Simulation de l'impact d'un sinistre majeur sur les objectifs stratégiques

L'objectif de cette étape est de simuler l'impact d'un sinistre maximum possible (c'est-à-dire d'un sinistre étant la résultante de plusieurs faits générateurs, majoré par des circonstances aggravantes) sur les processus et/ou les objectifs stratégiques de l'entreprise.

Ainsi, par exemple, le retrait d'un produit du marché (du fait de dommages corporels subis par un consommateur) affecterait :

- les parts de marché ;
- la rentabilité commerciale ;
- le cours de l'action (si le groupe est coté) ;
- la continuité des processus (obligation d'arrêter la production du produit incriminé).

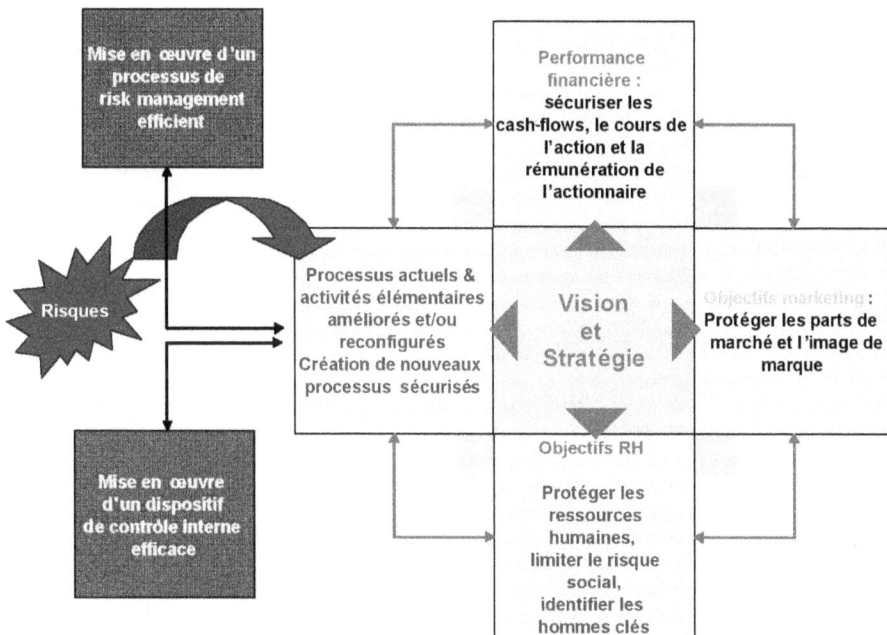

Impact d'un sinistre majeur sur les objectifs stratégiques d'un groupe

L'objectif du risk management consiste donc à tout mettre en œuvre à titre préventif pour prévenir le risque ; mais, ce dernier avéré, le groupe doit mettre en place un

---

1. Entité organisationnelle (usine, magasin) regroupant des risques homogènes.

dispositif de gestion de crise auquel il a réfléchi à titre préventif, et gérer la situation de crise dans un délai très rapide. Dans notre exemple, les outils de gestion de crise mis en œuvre seraient les suivants :

• cellule de crise ;

• communication de crise vis-à-vis des consommateurs et du réseau ;

• plan de retrait des produits du marché avec mise en œuvre d'un processus d'indemnisation du consommateur ; ou fabrication d'un produit de substitution.

Ces procédures de gestion de crise ont bien sûr un caractère confidentiel, à l'exception du plan d'urgence, qui doit être communiqué aux autorités de tutelle, pour les risques RHP (risques hautement protégés) susceptibles de générer une atteinte à l'environnement.

Simulation des conséquences financières d'un sinistre majeur

L'objectif assigné à cette étape est d'identifier les scénarii de crise qui pourraient affecter la remise en cause de la pérennité du groupe. La quantification des sinistres majeurs a pour intérêt de permettre l'identification des scénarii inacceptables en vue de définir des priorités dans le dispositif de risk management.

Il s'agit donc de quantifier pour chaque scénario de crise (sont analysés en priorité les scénarii correspondant aux faits générateurs figurant en exclusion) les conséquences financières d'un sinistre maximum possible en chiffrant les quatre composantes suivantes :

• pertes matérielles (en quoi le sinistre affecte-t-il les actifs de l'entreprise ?) ;

• pertes d'exploitation (en quoi la situation de crise affecte-t-elle le compte de résultat ?) ;

• pertes humaines (en quoi le sinistre génère-t-il des dommages corporels chez les salariés ?) ;

• coût de la responsabilité civile et éventuellement pénale (quelle sera la valorisation de préjudices corporels, matériels et immatériels causés aux tiers ?).

Estimation des pertes matérielles

L'objectif de cette première simulation est d'estimer l'impact d'un sinistre majeur sur les immobilisations sous contrôle (au sens des normes IAS 16 et 17 pour lesquelles l'entreprise porte l'ensemble des risques et des responsabilités, quelle que soit leur qualification juridique) et sur les stocks.

Deux cas de figure se présentent dans le cadre de cette estimation :

• soit l'entreprise est dans un référentiel comptable autre qu'IFRS (International Financial Reporting Standard) et, dans ce cas de figure, elle doit faire réaliser une expertise préalable de capitaux des biens en propriété, en location, en location financement, mais aussi des biens confiés ou des actifs qu'on lui a transférés dans le cadre d'un contrat de concession ou d'affermage ;

• soit l'entreprise est en IFRS (International Financial Reporting Standard) et a opté pour la réévaluation des actifs et, dans ce cas, la valorisation des actifs au prix du marché sert de base à l'estimation des pertes matérielles.

Dans les deux cas de figure, l'estimation des pertes matérielles se fait en multipliant la valeur des capitaux par une estimation du pourcentage de destruction de l'actif.

Estimation des pertes d'exploitation

L'estimation des pertes d'exploitation est réalisée par centre de risque (ce qui correspond en contrôle de gestion à une entité organisationnelle du type « centre de profit » ou « centre de responsabilité »).

La méthodologie consiste dans un premier temps à construire un compte de résultat du centre de risque avant sinistre. L'objectif à ce niveau est de segmenter le compte de résultat en quatre grandes masses :

• chiffre d'affaires ou prix de transfert[1] ;

• charges variables qui seront sensibles à l'impact du sinistre ;

• charges fixes que l'entreprise continuera à supporter post-sinistre ;

• résultat analytique du centre de risque avant sinistre (différence entre produits et charges opérationnelles).

Dans un deuxième temps, à structurer un compte de résultat de l'entité post-sinistre :

• estimation du chiffre d'affaires ou des prix de cession post-sinistre (impact du sinistre sur le CA dépendant de l'existence d'un plan de reprise d'activité ou non, testé de surcroît régulièrement) ;

• estimation de l'impact du sinistre sur les charges variables (dont les achats) ;

• estimation du sinistre sur les nouveaux coûts générés par la situation de crise (frais supplémentaires d'exploitation, frais d'expertise, honoraires, frais de démolition, frais de décontamination, etc.).

Le résultat analytique post-sinistre est donc égal à la différence entre le CA et les charges opérationnelles post-sinistre (charges variables après sinistre, maintien des frais fixes supportés avant sinistre, nouveaux frais directement imputables à la situation de crise et nécessaires au redéploiement de l'activité).

La perte d'exploitation sera égale à la différence entre le résultat opérationnel du centre de risque avant sinistre (basé sur les prévisions budgétaires de l'exercice) et l'estimation du résultat analytique du même centre de risque post-sinistre.

Quantification des pertes humaines

La quantification des pertes humaines (c'est-à-dire des dommages affectant les salariés de l'entreprise : décès, accidents de travail, invalidité, etc.) se décompose en :

• indemnisation de type Sécurité sociale ;

• indemnisation via la souscription d'une police d'assurance collective pour le compte des salariés (en intégrant les capitaux maximaux prévus dans la police d'assurance).

---

1. Échanges économiques internes au groupe.

Valorisation du coût de la responsabilité civile et pénale

La quantification du coût de la remise en cause de la responsabilité civile passe par l'analyse de la jurisprudence existante au niveau international.

Dans l'hypothèse de l'inexistence d'une telle jurisprudence, l'auditeur appliquera une démarche qualitative en construisant une grille qualitative graduée de la façon suivante :

- 0 : impact nul ;
- 1 : impact faible ;
- 2 : impact financier moyen ;
- 3 : impact financier majeur ;
- 4 : impact financier inacceptable.

L'estimation du coût de la responsabilité pénale passe par une analyse des différentes pénalités par type d'infraction.

Quantification du coût résiduel à la charge de l'entreprise

L'objectif de cette étape du dispositif consiste à sommer par scénario le coût des quatre typologies de pertes : matérielles, exploitation, humaines et responsabilité civile (RC) ; et à le comparer au montant indemnisable prévu dans le programme d'assurance. La différence entre ces deux montants correspond au risque résiduel, qui peut être considéré par les autorités de gouvernance comme étant acceptable ou inacceptable.

Dans l'hypothèse où le comité des risques estime que le risque résiduel est inacceptable, il s'avère indispensable de réfléchir sur la mise en œuvre de financements alternatifs, n'affectant pas la trésorerie courante de l'entreprise en cas de réalisation du risque.

Étude de la sinistralité antérieure

L'étude de la sinistralité antérieure (sur des séries chronologiques consécutives *a minima* de cinq ans) vise à :

- identifier d'éventuelles tendances structurelles en termes de sinistralité (concentration d'accidents du travail par exemple) ;
- permettre une renégociation ultérieure avec les assureurs (en comparant la sinistralité effective avec celle prise en compte par les assureurs).

Les principaux sinistres analysés, tant en fréquence qu'en termes de gravité, sont les suivants :

- sinistralité dommages aux biens ;
- sinistralité flotte automobile ;
- sinistralité informatique ;
- sinistralité responsabilité civile ;
- sinistralité accidents du travail.

Chapitre 3

Modalités de mise sous contrôle des risques

La méthodologie d'audit en risk management est une approche transverse visant à s'assurer de la mise sous contrôle des risques de sinistralité de l'entreprise, tant à titre préventif que curatif, en déclinant un triple dispositif :

• contrôle interne des risques et procédures de gestion de crise ;

• contrôle technique et investissements de sécurité ;

• contrôle financier des risques intégrant l'autofinancement, le transfert des risques et le recours aux financements alternatifs à l'assurance.

Contrôle technique et sécurité

La mise en œuvre d'un dispositif de prévention mature passe par la réalisation d'investissements de sécurité et par l'engagement de charges d'exploitation au titre de la sécurité correspondant *a minima* aux exigences réglementaires.

Les principaux sous-domaines concernés sont les suivants :

• sécurité informatique ;

• sécurité des biens ;

• sécurité des personnes ;

• sécurité atteinte à l'environnement.

Procédures de sécurité et de gestion de crise

La mise en œuvre d'un dispositif de corporate risk management efficace passe par la rédaction de procédures de sécurité de base et de gestion de crise.

Bien évidemment l'efficacité de telles procédures doit être régulièrement testée.

Procédures de sécurité de base

La mise en œuvre d'un dispositif de corporate risk management mature passe par la rédaction et l'application de procédures de type « management des risques » telles que :

• procédures de sécurité informatique physiques et immatérielles et plan de protection des informations ;

• procédures de sécurité environnementale ;

• plan d'organisation des secours.

Les principaux scénarii de gestion de crise

La construction des scénarii de crise a pour objectif d'anticiper la combinaison optimale d'outils de gestion de crise à mettre en œuvre en cas de sinistre majeur.

Les principaux scénarii analysés sont les suivants :

• gestion de crise produit avec retrait des produits du marché ;

• atteinte à l'environnement ;

• mise en examen d'un mandataire social ;

• offre publique d'achat hostile ;

• attentat ;

• grève interne ou externe, voire mélange des deux typologies (grande spécialité française !) ;

• boycott de la marque ;

• situation de crise informatique ;

• mort d'un homme clé.

Il est évident que cette liste doit être adaptée en fonction du secteur d'activité, ainsi :

• dans le secteur bancaire, on simulera l'impact du scénario hold-up ;

• dans le secteur aéronautique, on évaluera les conséquences du crash d'un avion ;

• dans le secteur aéronautique, on estimera les conséquences de l'explosion d'une fusée ou d'une navette embarquant des satellites.

Procédures de gestion de crise

Les procédures de gestion, systématiquement rédigées à titre préventif, et testées en vue d'évaluer leur efficacité, ont pour objectif de permettre la continuité de l'exploitation des processus critiques d'un centre de risque (exemple d'une usine), dans des délais très rapides sur d'autres sites internes au groupe ou à l'extérieur du groupe via des contrats de back-up signés avec des constructeurs informatiques, fournisseurs et sous-traitants captifs, et éventuellement avec des concurrents.

Le risk manager doit donc réfléchir à titre préventif à la construction de ces cinq outils de gestion de crise, qui seront combinés en fonction du scénario de crise analysé, à savoir :

• le plan de retrait des produits du marché ;

• la communication de crise interne et/ou externe pouvant être offensive ou défensive ;

• le plan de reprise d'activité ;

• le plan d'urgence concernant les risques d'atteinte à l'environnement ;

• la cellule de crise conçue tant en termes organisationnels que logistiques.

Plan de retrait des produits

La réflexion préventive concernant l'organisation d'un plan de retrait des produits du marché concerne en priorité les entreprises ayant une stratégie marketing de biens de grande consommation et tout spécifiquement celles travaillant dans les secteurs pharmaceutique, agroalimentaire, automobile.

L'organisation logistique d'un plan de retrait prévoit un simple arrêt de production et de commercialisation à titre préventif dans le cas de l'émission de signaux de préalerte (taux de réclamations clients anormal, taux de rebut, de refaçonnage élevé, etc., sur un produit ou une famille de produits).

Communication de crise

Il existe de nombreux registres de communication de crise, sur lesquels les groupes doivent réfléchir à titre préventif, soit en vue d'exonérer la responsabilité civile, soit de limiter l'impact de cette dernière au cas où elle serait mise en cause.

Il est ainsi possible d'opposer les axes de communication ci-dessous :

• interne et externe ;

• offensive et défensive ;

• réglementaire et stratégique.

Communication de crise interne et externe

La communication de crise externe est en général indissociable de la communication de crise interne.

En effet, la communication de crise externe, qu'elle soit institutionnelle ou opérationnelle, vise à sécuriser l'ensemble des parties prenantes, pour protéger les objectifs stratégiques du groupe. *A contrario*, la communication de crise interne vise surtout à permettre le déploiement des processus critiques sur des sites non sinistrés dans des délais très rapides si une situation de crise est déclenchée.

Communication de crise offensive et défensive

Les registres de communication de crise peuvent être offensifs en cas de rumeur ou en cas de remise en cause non fondée de la responsabilité civile du groupe. Ainsi, il est envisageable, dans le cas d'un scénario de crise produit, de développer une communication de crise offensive, dans l'hypothèse d'une relation de corrélation (existence d'un dommage corporel chez un consommateur, ne pouvant être associé à une marque commerciale spécifique de l'entreprise).

Par contre, en cas de remise en cause de la responsabilité civile du groupe, la communication de crise institutionnelle défensive a pour objectif de protéger les parts de marché, l'image de marque, alors que la communication de crise opérationnelle décrit au réseau de distribution ainsi qu'aux clients les modalités d'action (comment se faire indemniser, comment faire réparer le produit, comment avoir un produit de substitution… ?).

Plan de reprise d'activité/plan de continuité de l'exploitation

Le risk management minimise le rôle de l'assurance en cas de sinistre majeur. Son objectif n'est pas de rechercher des garanties confortables en cas de situation de crise, mais de permettre une reprise de l'activité dans les délais les plus rapides. Voici la méthodologie de construction de ces plans de reprise d'activité.

Concepts généraux sur les plans de continuité de l'exploitation

La continuité d'activité s'inscrit dans une démarche de pérennité de l'entreprise. Elle consiste à mettre en place des procédures et des moyens visant à assurer le fonctionnement de ses activités, principales et cruciales, et la disponibilité des ressources indispensables au déroulement de ces activités.

La gestion de la continuité d'activité est une approche globale de management. Son objectif est d'identifier les impacts potentiels qui menacent le groupe et de la doter des capacités de répondre efficacement à des sinistres potentiels en sauvegardant ses activités vitales et critiques, sa réputation et les intérêts de ses clients et partenaires.

Définition de la notion d'activité vitale

C'est une activité dont l'exécution est fondamentale et obligatoire pour l'entreprise. En cas d'arrêt de cette activité, les impacts sont jugés inacceptables par le management :

- impact financier extrêmement lourd pour l'entreprise ;
- très forte dégradation de son image de marque auprès des clients et des partenaires ;
- impact réglementaire majeur sans possibilité de négociation avec les institutions légales.

Définition de la notion d'activité critique

Il s'agit d'une activité dont l'exécution est souhaitée pour le groupe, mais qui ne revêt pas de caractère obligatoire. Les impacts, en cas d'arrêt de ces activités, sont jugés très préoccupants voire inacceptables pour la stratégie de l'entreprise, mais ne compromettent pas sa survie en cas de crise :

- impact financier lourd pour l'entreprise ;
- impact stratégique majeur ;
- très forte dégradation de son image de marque auprès des salariés et des médias ;
- impact réglementaire majeur avec possibilité de négociation avec les institutions gouvernementales.

Définition de la notion d'activité sensible

Par activité sensible, il faut entendre une activité dont l'exécution est préférable pour le bon déroulement des opérations. Les impacts, en cas d'arrêt de ces activités, sont jugés préoccupants, mais potentiellement acceptables dans un contexte de crise :

- impact financier moyen pour l'entreprise ;
- impact stratégique nul ;
- dégradation significative de son image de marque auprès des salariés et des médias.

Le cycle de vie de la continuité d'activité

Processus cyclique

La démarche « continuité d'activité » est un processus cyclique à travers lequel le groupe :

- évalue la solidité de son organisation et la vulnérabilité de ses activités à des sinistres majeurs ;
- définit la stratégie de continuité de ses activités critiques après sinistre ;
- met en place les solutions de continuité pertinentes et les documente ;

- teste ses dispositifs, les maintient opérationnels et les révise à fréquence régulière ;
- informe ses personnels et les exerce à utiliser les solutions de continuité en cas de sinistre.

Deux prérequis sont indispensables pour engager la démarche « continuité d'activité » :
- une stratégie d'entreprise clairement définie ;
- un *risk assessment* solide et exhaustif.

Les principaux résultats attendus (livrables)

Ce sont :
- une cartographie des risques ;
- un *business impact analysis*, une collecte des expressions de besoins des métiers, mettant en évidence les activités critiques ;
- une stratégie de continuité d'activité déclinée en fonction de différents scénarii de sinistres, et adressant les objectifs métiers, les priorités et les niveaux d'activité à recouvrir après un sinistre ;
- un inventaire des ressources critiques et le séquencement de leur montée en charge ;
- des plans de continuité d'activité décrivant les dispositifs mis en place et les procédures pour mettre en œuvre la stratégie ;
- des programmes de tests et des plans d'action correctifs ;
- des supports d'information, de sensibilisation et de formation.

Mettre en œuvre un plan de continuité d'activité

Le *business impact analysis* (BIA) est une démarche analytique dont l'objectif consiste à :
- identifier les activités vitales/critiques ;
- inventorier les ressources critiques nécessaires pour assurer la continuité de ces activités vitales/critiques ;
- définir les priorités de continuité et/ou de reprise après sinistre.

Pourquoi le fait-on ? Le BIA permet d'évaluer les impacts, pour l'entreprise, d'un sinistre touchant ses activités. La démarche doit être entreprise pour chacun des processus métiers conduits dans le groupe, identifiés dans la phase de cartographie des processus.

Les conséquences d'un sinistre sur les activités du groupe sont évaluées dans le temps selon différents types d'impacts :
- impacts financiers (évaluation quantitative) ;
- impacts non financiers (évaluation qualitative).

Bien que les sinistres auxquels la société doit se préparer soient de natures différentes et puissent influencer la gravité et/ou la rapidité d'apparition/de résorption des impacts, les bonnes pratiques recommandent de mener le BIA en adoptant certains postulats :
- toutes les activités sont interrompues sans possibilité de reprise ;
- l'entreprise seule est impactée par le sinistre ;
- tous les acteurs du marché continuent « *business as usual* ».

La démarche BIA est conduite par les coordinateurs des plans de continuité d'activité (PCA) sur la base d'interviews réalisées avec les propriétaires des processus métiers. Les informations collectées ainsi que les analyses d'impacts sont systématiquement validées par le management, qui est responsable de l'expression des besoins, de la définition des stratégies, de l'allocation des moyens humains et financiers nécessaires à la démarche et qui est propriétaire des plans de continuité.

La démarche BIA

Elle se déroule en étapes distinctes.

Étape 1 : cartographie des processus métiers

La compréhension de l'organisation commence nécessairement par une cartographie décrivant les activités de chacune des entités du groupe :

• identifier les principaux processus métiers ;

• inventorier les ressources requises pour mener à bien chacun de ces processus.

Cette cartographie est le préalable indispensable au déploiement de la démarche BIA et plus généralement de la démarche de continuité d'activité : l'analyse d'impact, la définition des objectifs de reprise et les expressions de besoin en termes de ressources sont construites au niveau de chaque processus métier.

À noter que, s'il existe déjà des descriptions de processus dans l'organisation, elles doivent être systématiquement réutilisées dans un souci de cohérence et d'efficacité.

La cartographie doit aussi mettre en lumière les périodes critiques de chaque processus, c'est-à-dire les périodes durant lesquelles un sinistre aurait les impacts les plus pénalisants pour l'entreprise (« scénario du pire »).

La définition des périodes critiques permet :

• de définir les stratégies de reprise en intégrant le scénario dans lequel un sinistre aurait lieu aux moments les plus critiques du processus ;

• d'informer, le cas échéant, les gestionnaires de crise des circonstances particulières liées à la période de déclenchement du sinistre.

Exemples de périodes critiques : arrêtés comptables, cut-off, échéances à terme, etc.

Pour les besoins de cette cartographie, des ressources critiques doivent être identifiées. Les ressources critiques à identifier sont les ressources indispensables à l'accomplissement d'un processus métier qui doivent nécessairement être restaurées pour garantir la continuité des activités critiques suite à un sinistre.

On peut ainsi citer :

• besoins en personnel : nombre de personnes allouées au processus métier en production ;

• systèmes informatiques :

  – applications métiers,

  – progiciels intégrés,

  – disques partagés ;

• poste de travail : type de configuration requise (nombre et puissance des PC, nombre d'écrans, téléphonie normale ou spécialisée, etc.) ;

- télécoms : inventaire des moyens de communication nécessaires en plus de la téléphonie (fax, télex) ;
- sauvegardes vitales : ensemble des documents sur tout support dont l'absence après sinistre empêcherait de reprendre le processus métier ;
- dépendances : ensemble des services, fournis par un acteur interne ou externe, nécessaires à l'accomplissement du processus métier (qui ? quoi ?).

Étape 2 : l'évaluation des impacts

Typologies d'impacts

- pertes financières directes : c'est l'ensemble des pertes financières supportées par l'entreprise résultant de son incapacité à gérer ses processus métier ;
- pertes de revenus : impacts financiers dus à l'incapacité de l'entreprise de réaliser de nouvelles transactions tant que ses processus métiers restent dégradés (d'où perte d'opportunités) ;
- impacts réglementaires : risques de pénalités de la part des régulateurs et des autorités de tutelle à l'encontre de la société dans l'incapacité totale ou partielle de faire face à ses obligations réglementaires ;
- impacts légaux et juridiques : impacts potentiels ou pertes encourues à cause d'actions en justice ou de poursuites de la part de clients, suite à l'incapacité de l'entreprise à faire face à ses engagements contractuels ;
- impacts sur l'image et la réputation : préjudices portés à la crédibilité de l'entreprise vis-à-vis de ses clients, des investisseurs, de ses actionnaires, des agences de rating ou des médias, conduisant à une perte substantielle d'opportunités à venir ;
- impacts sur d'autres processus de l'entreprise : risques d'extension d'impacts sur d'autres processus du groupe, lorsque des impacts directs ne peuvent pas être mis directement en évidence. Ce type d'impacts est directement lié aux interdépendances entre les différentes activités du groupe.

La relation au temps

Le critère de temps est une dimension clé dans l'évaluation des impacts, car il permet de concentrer les efforts sur les activités dont les délais de reprise sont les plus critiques.

L'échelle de temps est construite selon :
- les impératifs de reprise définis par les régulateurs (en France et à l'international) ;
- les bonnes pratiques de l'industrie ;
- les délais contractuels de bascule des systèmes d'information et de mise à disposition des solutions de repli.

Chaque activité doit définir une échelle pertinente lui permettant de quantifier de manière homogène et cohérente ses pertes financières potentielles. Ces quantifications sont ensuite traduites en degrés d'impacts en fonction de leur importance :

* très élevé ;
* élevé ;
* moyen ;
* faible.

Il appartient au management de chaque entité de définir et valider cette échelle, car celle-ci sera utilisée pour définir les objectifs et arbitrer les priorités de reprise. Les impacts qui ne peuvent pas être quantifiés en termes financiers sont qualifiés selon le même type d'échelle.

Étape 3 : déterminer la stratégie – définition des objectifs de reprise

Une fois l'analyse d'impact réalisée, le groupe est en mesure de définir pour chacun des processus métiers étudiés :

* la période de temps maximale après le sinistre, au cours de laquelle chacune des ressources nécessaires à l'accomplissement d'un processus métier pour être opérationnelle doit être recouverte (*recovery time objectives* [RTO]) ;
* le niveau d'activité qui doit être repris pour chaque processus, ainsi que son évolution dans le temps sur une période d'un mois à compter de la survenance du sinistre.

La définition des objectifs de reprise doit permettre de comprendre la stratégie que les métiers souhaitent mettre en place pour assurer la continuité de leur activité avec un niveau acceptable de dégradation suite à un sinistre. La stratégie est ainsi formulée de manière simple : en cas de sinistre et pour chaque métier, quelles capacités le groupe veut-il conserver ou recouvrer, et à quelles échéances ?

Comme lors de l'analyse d'impact, la bonne pratique veut que la stratégie et les objectifs de reprise soient définis au regard du scénario le plus impactant pour le processus métier considéré (l'entreprise est la seule impactée, les autres acteurs du secteur opèrent normalement).

La définition des RTO repose obligatoirement sur la cartographie et l'analyse d'impact réalisée avec le BIA :

* implicitement, le RTO indique le niveau d'impact que le métier accepte de supporter (le seuil de tolérance) ;
* les périodes critiques identifiées lors de la cartographie des processus sont prises en compte dans la définition de la stratégie de reprise (objectifs et priorités en cas de sinistre survenant à la pire période).

Étape 4 : élaborer et mettre en place des solutions

Les métiers ayant défini leur stratégie de continuité d'activité et formulé leurs besoins en ressources critiques sont maintenant en mesure de :

* consolider les besoins de secours applicatifs en spécifiant aux maîtrises d'ouvrage informatique les besoins à couvrir en termes d'objectif de reprise et de restauration de données ;

- identifier les alternatives et mesures conservatoires à déployer pour couvrir la période entre le sinistre et la reprise du processus métier impacté ;
- concevoir les solutions de continuité adéquates pour permettre aux personnels de redémarrer les processus métiers impactés par le sinistre et assurer la continuité des activités vitales et critiques de l'entreprise ;
- organiser la cohérence des stratégies et des solutions déployées au sein de l'entreprise.

La mise en place des solutions de continuité se déroule en trois étapes :
- choix des solutions de continuité :
  - solutions de continuité informatique,
  - solutions de continuité « utilisateurs » pour redonner un poste de travail aux personnels impactés ;
- mise en cohérence des stratégies et des solutions déployées au sein du groupe :
  - alignement sur l'intégralité du déroulement du processus (*front-to-end*),
  - alignement transversal,
  - rationalisation des investissements,
  - mutualisation des moyens ;
- mise en place des solutions et documentation des plans de continuité d'activité.

Le management de chaque entité est propriétaire de son plan de continuité d'activité et en valide chacune des étapes :
- validation des expressions de besoin ;
- validation des choix de solutions retenues ;
- validation des alignements ;
- validation des investissements à réaliser ;
- validation des solutions implémentées (recettes) ;
- validation de la documentation.

La validation étape par étape permet de garantir que les solutions élaborées, mises en place et documentées, répondent aux besoins exprimés et sont conformes à la stratégie formulée. En cas de désaccord, on reprend la démarche à partir de la dernière étape validée (démarche itérative).

Étape 5 : choix des solutions « utilisateurs »
Positions sur site de repli (site interne ou sous contrat avec un prestataire)
- Positions dédiées : postes de travail entièrement pré-équipés sur un site de secours utilisateurs, à distance raisonnable du site primaire pour permettre un repli rapide après un sinistre. Ces positions sont, exclusivement et en permanence, réservées à l'usage du groupe en cas d'activation, et leur disponibilité est garantie.
- Positions mutualisées : postes de travail entièrement pré-équipés sur un site de secours utilisateurs, à distance raisonnable du site primaire pour permettre un repli rapide après un sinistre. Les positions mutualisées ne sont pas exclusives et sont contractées parallèlement par plusieurs entreprises.

Secours croisés

- *Cross back up* : solution consistant à reloger un utilisateur ayant perdu l'accessibilité à son poste de travail sur un autre poste dans un autre immeuble de production non impacté.
- *Cross border* : solution consistant à reloger le personnel sur une autre implantation du groupe à l'international.

Remarque : ces solutions croisées supposent que des positions et équipements de production et/ou de réserve puissent être libérés à la demande, où et quand nécessaire. En outre, la solution à l'international n'est raisonnablement pas opérationnelle avant J + 2 après sinistre (évaluation empirique).

Accès à distance

Capacité de mener des activités depuis un site n'appartenant pas au groupe avec un accès à distance aux applications informatiques si nécessaire (domicile, cybercafé, entreprise tierce…).

Remarque : l'accès à distance n'est pas la solution à privilégier pour certaines activités critiques (trading, trésorerie, etc.), car elle suppose une qualité de contrôle et de sécurité dégradée (accès via Internet).

Split operations

- Solution consistant à éclater temporairement les personnels critiques sur un plus grand nombre de sites (production, repli, accès à distance) en prévision d'un risque accru de perturbation des activités (exemple : manifestation type G8, convention républicaine à New York, etc.) ou pour répondre à une incapacité conjoncturelle de rejoindre le lieu de travail habituel (lors d'une grève des transports, par exemple).
- Lorsque cet éclatement des compétences n'est plus conjoncturel mais est intrinsèque par construction à la structure de la société, on parle de résilience.

Mise en cohérence - Alignements

Alignement de bout en bout

Pour garantir la cohérence du dispositif de continuité, il est essentiel d'aligner les stratégies et solutions des fonctions supports (FS) et de l'informatique (IT) sur les objectifs de reprise des fronts métiers (FO).

- Étape 1 : les FS intègrent les expressions de besoin et la stratégie des FO dans la définition de leurs objectifs PCA (itérations, si besoin).
- Étape 2 : l'IT aligne sa stratégie de reprise pour répondre aux exigences métiers consolidées.
- Étape 3 : le *business case* est consolidé de bout en bout, puis est validé par le management.
- Étape 4 : l'implantation (ou la révision) des solutions retenues fait l'objet d'un plan d'action.
- Étape 5 : le dispositif mis en place est documenté et validé par le management.

Alignement transversal

De façon similaire à l'alignement « en silo », une mise en cohérence transversale est nécessaire pour les activités ayant identifié des interdépendances critiques entre elles ou bien lorsqu'elles partagent les mêmes ressources critiques.

Alignement avec les scénarii

Le choix des solutions à déployer peut changer en fonction du scénario de sinistre auquel le groupe est confronté. Il convient donc de procéder à une mise en cohérence pour mettre en face de chaque scénario les impacts à considérer et les solutions permettant la couverture des activités (scénarii impactant directement les métiers et problématiques « *hubs* régionaux »).

Optimiser les investissements

Quel est le périmètre à couvrir ? En tenant compte de la probabilité d'occurrence et des impacts relatifs à l'ensemble des scénarii que le groupe a choisi de couvrir, le positionnement dépendra du seuil de risque acceptable préalablement défini.

La seule mise en conformité du dispositif de continuité avec les objectifs réglementaires ne présente pas d'apport significatif en termes de continuité, et ce, malgré un investissement lourd, notamment au niveau informatique.

À l'inverse, les solutions informatiques requises pour répondre aux exigences réglementaires donnent au groupe une capacité à assurer la continuité des systèmes d'information bien au-delà du strict minimum réglementaire.

Un investissement supplémentaire sur des solutions métiers pour assurer la continuité des activités vitales et critiques présente un retour sur investissement plus favorable et permet d'optimiser l'investissement minimal requis pour répondre aux exigences réglementaires.

Plan d'urgence

Le plan d'urgence vise à gérer de façon optimale des scénarii de crise affectant le patrimoine de l'entreprise et susceptibles de générer des dommages environnementaux substantiels. Pour les risques hautement protégés, le plan d'urgence est constitué de trois niveaux :

• plan d'organisation interne des secours, dont la coordination est sous la responsabilité du chef d'établissement, visant à s'assurer de l'évacuation effective du personnel et des tiers au moment du sinistre et précisant les modalités de gestion du sinistre ;

• plan particulier d'intervention : concerne les sinistres d'ampleur plus importante en associant la protection civile, les pompiers, le préfet ;

• plan Orsec, sous la responsabilité du préfet de Région, voire du ministre de l'Intérieur et ou de l'Environnement.

Cellule de crise

La cellule de crise est l'outil fédérateur des autres outils de gestion de crise. C'est à la fois une structure logistique permettant de gérer la situation de crise dans des conditions optimales, et des acteurs internes et externes qui seront différents en fonction du scénario de crise analysé :

- en tant que structure logistique : la cellule de crise doit toujours être située à l'extérieur de l'entreprise, dans un endroit confidentiel. C'est une structure intégrant les moyens logistiques suivants :
  - configuration téléphonique et informatique opérationnelle et testée régulièrement,
  - copie des fichiers stratégiques,
  - papier à en-tête, machine à affranchissements,
  - vivres, etc. ;
- en tant qu'acteurs : la cellule de crise est constituée d'acteurs internes et externes, différents en fonction du scénario de crise analysé. Nous pouvons distinguer deux cas de figure :
  - cas où les acteurs sont définis par une contrainte réglementaire,
  - cas où les acteurs sont du ressort de l'entreprise.

Contrôle financier des risques

Le contrôle financier des risques est structuré en trois composantes :
- autofinancement volontaire des risques ;
- transfert des risques sur des tiers (dont assurance) ;
- financements alternatifs (mutualisation interne de risques acceptables).

Autofinancement des risques

Autofinancement préventif

Les entreprises de droit privé n'ont qu'une obligation d'assurance concernant les risques de responsabilité civile, c'est-à-dire de dommages corporels, matériels et immatériels causés aux tiers. Par voie de conséquence, elles peuvent décider d'autofinancer certains risques patrimoniaux ou les franchises (partie du coût du sinistre à la charge de l'assuré) qui peuvent être substantielles dans le cas de grands risques industriels.

À ce titre, les groupes peuvent constituer des provisions pour propre assureur correspondant à la valeur expertisée de l'actif pouvant subir le risque. À cette provision est adossée l'acquisition d'actifs financiers subordonnés sans risques, générant un coupon en cas d'inexistence d'un sinistre.

Ces actifs subordonnés font l'objet de tests de dépréciation pour s'assurer que la performance de ces actifs correspond à la performance escomptée (en conformité avec la norme IAS 36).

En cas de sinistre, ce dernier est expertisé et l'actif en représentation est cédé. Dans l'hypothèse inverse, l'actif financier génère une rémunération sécurisée.

Autofinancement curatif

Il existe trois cas de figure en termes de financement des risques post-sinistre :

- le financement de la franchise ;
- l'application de la règle proportionnelle de capitaux ;
- le trou de garantie.

Le financement de la franchise est une obligation prévue par le droit des assurances. « Afin de moraliser le risque », l'assuré doit supporter sur trésorerie courante une partie du coût du sinistre. En risques industriels, le montant de ces franchises peut largement dépasser la trésorerie effective détenue par une filiale de petite taille, pouvant entraîner des problèmes substantiels de trésorerie dans cette dernière.

Ce cas de figure ne semble pas envisageable pour les groupes qui se doivent de sécuriser le cash-flow du groupe et la rémunération de l'actionnaire. Nous verrons que le recours aux comptes captifs de réassurance permet d'autofinancer des niveaux de franchise élevés.

Dans le cas de l'application de la *règle proportionnelle de capitaux*, le groupe doit financer l'écart entre les capitaux déclarés à l'assurance par le management et la valeur de remplacement à neuf du patrimoine détruit. Dans le cas de la réalisation d'une expertise préalable de capitaux, ce principe n'a pas lieu d'être.

Le *trou de garantie* correspond au cas de figure où le fait générateur à la base du sinistre fait partie des exclusions. L'entreprise doit dans ce cas autofinancer l'intégralité du coût du sinistre (si elle en a la capacité !).

Transfert des risques

Le transfert des risques de sinistralité de l'entreprise sur des tiers est fondé sur l'utilisation en parallèle de quatre techniques :

- le transfert financier via essentiellement des techniques bancaires ;
- le transfert contractuel des risques à l'exception du transfert via les polices d'assurance ;
- le transfert via programme d'assurance au niveau national ou international.

Transfert financier des risques

Le transfert financier des risques se matérialise par le recours à des techniques bancaires ou financières portant sur des risques immatériels (par exemple : risque client ou politique). Font ainsi partie de cette famille d'outils les techniques des crédits documentaires irrévocables et confirmés et les différentes techniques d'escompte.

Transfert contractuel des risques hors assurance

Ces techniques de transfert de risque se basent sur le transfert des risques sur des tiers via l'utilisation de clauses contractuelles.

Ainsi relèvent de cette catégorie le recours à certains Incoterms (*international commercial terms*) ou l'utilisation de clauses de back-up visant à redéployer les processus métiers en cas de situation de crise.

Transfert des risques par programme national d'assurance

L'une des techniques de transfert des risques les plus utilisées porte sur le transfert des risques via les programmes d'assurance, tant au niveau domestique qu'international. Dans un *optique risk management*, l'assurance est cependant considérée comme étant une technique utilisée à titre résiduel.

Principes généraux de structuration des programmes d'assurance

Dans les grands groupes, il est indispensable de rationaliser la structuration du programme d'assurance. Cette rationalisation est fondée sur un certain nombre de principes fédérateurs, à savoir :

- « l'assurance pour compte de » ;
- la clause de renonciation à recours ;
- la franchise par sinistre ou par année d'assurance ;
- la limite contractuelle d'indemnité.

« Assurance pour compte de »

L'« assurance pour compte de » est une pratique courante dans les groupes industriels souhaitant minimiser leur budget assurance tout en ayant une qualité de garantie élevée.

Ce type de clause se traduit en général par la souscription d'une police d'assurance par la société mère pour le compte des entités juridiques faisant partie du périmètre de consolidation statutaire.

Clause de renonciation à recours

Le recours à ce type de clause est un choix stratégique dans le cadre de groupes optant pour la « souscription pour compte de » (souscription par exemple de la société mère pour le compte des filiales). La direction financière et le risk manager se trouvent face au dilemme suivant :

- Faut-il, au nom de la solidarité financière du groupe, renoncer à tout recours entre entités du groupe (en cas de préjudices intragroupe) ?
- Ou, au contraire, faut-il assimiler les entités juridiques du groupe à des tiers et autoriser d'éventuelles procédures intragroupe ?

Il n'existe malheureusement pas de réponse standard à cette question qui relève d'un arbitrage stratégique.

Franchise par sinistre ou par année d'assurance

Le choix d'une franchise par sinistre ou par année d'assurance est un choix majeur en termes de protection de la surface financière de l'entreprise, surtout dans le cadre de la mise en œuvre de programmes internationaux d'assurance.

Bien évidemment, afin de protéger la trésorerie courante de l'entreprise, il est indispensable de négocier une franchise annuelle avec l'assureur.

Limite contractuelle d'indemnité

Dans le cas de l'existence d'un patrimoine industriel éclaté sur de multiples sites, il s'avère intéressant de souscrire une police d'assurance multirisque industrielle, en introduisant la notion de limite contractuelle d'indemnité (LCI).

Cela signifie que l'ensemble du patrimoine sera assuré sur la base d'une surface développée et que, en cas de sinistre, la valeur indemnisée ne pourra pas dépasser la valeur expertisée du centre de risque la plus élevée. Ce choix de structuration du programme d'assurance permet de réduire de façon importante le budget assurance.

Présentation des principales polices d'assurance

En général, une entreprise ayant une activité uniquement domestique va souscrire un certain nombre de polices d'assurance visant à sécuriser sa surface financière.

Police multirisque industrielle

Elle couvre l'ensemble des dommages matériels affectant le patrimoine de l'entreprise, quelle que soit sa qualification juridique, à l'exception des véhicules terrestres à moteur et du parc informatique.

Cette police intègre en général une clause « pertes d'exploitation directes » ou « indirectes » (consécutives à un dommage matériel). Il s'avère souvent indispensable de souscrire une clause « carence de fournisseurs » pour couvrir le risque de rupture d'approvisionnement.

Il est aussi indispensable de souscrire la garantie du bris de machine et la couverture des stocks (via une clause révisable stocks visant à réactualiser la prime en fonction du coût de possession des stocks).

Police globale informatique

Elle couvre deux types de clause : « tous risques informatiques » (TRI) et « extension risque informatique » (ERI).

La clause TRI couvre l'ensemble des dommages pouvant affecter le patrimoine informatique (unité centrale, serveurs, périphériques, etc.), quelle que soit leur qualification juridique, ainsi que les frais de reconstitution des médias (temps de saisie nécessaire à la reconstitution de données détruites) et les frais supplémentaires d'exploitation (location d'un ordinateur de remplacement, frais de déplacement de personnel).

La clause ERI couvre les conséquences d'une utilisation non autorisée de ressources informatiques (cas de détournements de fonds générés par l'utilisation illicite de codes d'accès logiques). La souscription d'une telle clause n'est pas autorisée dans la loi Sarbanes-Oxley, car elle peut inciter à la criminalité interne.

Police responsabilité civile générale et professionnelle

Elle couvre l'ensemble des dommages causés aux tiers, qu'ils soient matériels, immatériels ou corporels. Sont en général couvertes :

- la responsabilité civile exploitation (dommages générés par un dysfonctionnement des processus métiers) ;
- la responsabilité civile produit (avec très fréquemment une exclusion de l'exportation vers les États-Unis) ;
- la responsabilité civile atteinte environnement pour des montants limités ;

– la responsabilité du fait des commettants.

À cette police responsabilité civile générale s'adjoint, en général, une police responsabilité civile professionnelle couvrant des risques sectoriels spécifiques (en banque, par exemple : des clauses erreurs sur opérations titres, erreurs sur remise de chèque, soutien abusif de crédit, rupture abusive de crédit, etc.).

Police flotte automobile

Elle couvre l'ensemble des véhicules terrestres à moteur avec, en général, une gestion de flotte basée sur des principes économiques (du type assurance tous risques pour les véhicules de moins de cinq ans, assurance responsabilité civile uniquement pour les véhicules de plus de cinq ans).

Transfert des risques via programme international d'assurance

Les groupes industriels ou tertiaires souhaitant se développer à l'international, soit par création de filiales, soit par acquisition de sociétés existantes, doivent s'assurer de l'existence de programmes d'assurance homogènes au niveau international, protégeant la surface financière du groupe.

Il existe trois typologies de programmes internationaux d'assurance, sécurisant plus ou moins la surface financière des entités figurant dans le périmètre de consolidation statutaire, à savoir :

• souscription locale des risques (*broad local coverage*) ;

• programme parapluie (*umbrella program*) ;

• programme coordonné au niveau mondial (*master coordinated program*).

L'ensemble de ces programmes est sécurisé via le transfert des risques en deuxième ligne via des traités de réassurance (voir annexes de la première partie).

Souscription locale des risques

Ce type de programme d'assurance se rencontre dans le cadre de groupes familiaux qui procèdent à des fusions-acquisitions de sociétés existantes au niveau international.

Ce type de programme d'assurance est en général dangereux, car il consiste à laisser une autonomie de souscription assurance à chaque filiale étrangère. En cas de trou de garantie (fait générateur non assuré), les pertes financières générées par un sinistre sont consolidées sur la société mère et peuvent affecter la surface financière du groupe de façon substantielle.

Programme parapluie

Le programme parapluie est un programme d'assurance sécurisant totalement la surface financière du groupe par le biais d'un financement des risques DIC et DIL des filiales étrangères. Il est précédé par la réalisation d'une cartographie des risques au niveau mondial faisant ressortir les risques exclus des garanties assurance au niveau domestique (risques DIC [*difference in condition*] : trou de garantie non assurable localement) et valorisant les écarts entre les objectifs de capitaux à assurer pour chaque filiale et les capitaux assurables localement (risques DIL [*difference in limit*] : différence entre les capitaux que le groupe souhaite assurer et les capitaux assurables au niveau domestique).

Dans le cas de ce programme, les filiales étrangères s'assurent en première ligne auprès d'assureurs locaux (via le schéma de la souscription locale des risques). L'assureur de la société mère (dénommé « assureur apériteur ») assure quant à lui à la fois les risques de la société mère, mais aussi les risques DIC et DIL des filiales. En cas de sinistre majeur, la surface financière du groupe est complètement sécurisée via ce dispositif.

Programme coordonné au niveau mondial

Le programme coordonné d'assurance est un dispositif s'appliquant aux groupes internationaux cotés. Dans ce cas de figure, l'assureur tiers intervient sur le financement des risques internationaux, le groupe acceptant d'autofinancer les risques de fréquence. Ce type de montage est basé sur l'existence d'un niveau de franchise très élevé (plusieurs millions d'euros), imposant la constitution des systèmes d'autofinancement de cette dernière par les groupes industriels ou tertiaires.

Ce type de programme n'autorise qu'une seule police d'assurance au niveau mondial applicable à l'ensemble des entités juridiques constituant le périmètre de consolidation du groupe.

Les filiales s'assurent auprès de correspondants locaux de l'assureur apériteur, la société mère assurant toujours les risques de la société mère ainsi que les risques DIC et DIL des filiales.

Financements alternatifs

Le recours aux financements alternatifs relève d'une sous-branche du corporate risk management dénommée « ingénierie des risques ».

Cette dernière a pour objectif, d'une part, de financer en intragroupe certains risques de sinistralité maîtrisables en vue de réaliser de l'autofinancement défiscalisé sous couvert de transfert de risques ; et d'autre part, de financer des risques émergents non assurables (via le marché de la réassurance technique) ou de lever des capitaux supérieurs au marché de l'assurance via des techniques de titrisation.

Systèmes captifs d'assurance/réassurance

Les groupes industriels ou tertiaires peuvent avoir recours à des systèmes captifs d'assurance ou de réassurance (via filialisation interne au groupe) en vue d'autofinancer certains risques de sinistralité maîtrisables. De fait, il existe trois types de montages juridico-financiers.

Systèmes captifs de réassurance

Les systèmes captifs de réassurance sont les plus fréquents. Dans cette configuration, la société mère détient une filiale ayant le statut de société de réassurance (c'est-à-dire finançant uniquement les risques de personnes morales et ne pouvant financer les risques concernant les personnes physiques).

Les risques du groupe sont transférés à un assureur tiers apériteur qui coordonne le programme d'assurance au niveau mondial et rétrocède une partie des primes à la société captive de réassurance. L'apériteur se coassure auprès de la société captive. Afin de protéger leurs surfaces financières respectives, l'assureur apériteur et la captive se réassurent via des traités proportionnels (partages des risques et des primes sur une base proportionnelle) ou non proportionnels (l'assureur supporte un plein d'acceptation protégeant la surface financière).

Systèmes captifs d'assurance

Les systèmes captifs d'assurance sont beaucoup moins utilisés que le système précédent car ils nécessitent d'obtenir un agrément par branche d'assurance en vue d'assurer des personnes physiques.

L'intérêt de ce type de montage est très limité pour les groupes industriels, alors qu'il est majeur pour les groupes bancaires, qui vont utiliser ce type de montage pour leurs clients en leur proposant des produits d'assurance captifs (multirisques habitation, automobile, assurance-vie, etc.).

Ce type de montage juridico-financier se caractérise par le fait que l'assureur apériteur devient la société captive de réassurance coordonnant le programme d'assurance au niveau mondial. Cette dernière se coassure auprès d'un assureur tiers. Les deux acteurs se réassurent via des traités de réassurance proportionnels ou non proportionnels.

Le réassureur supporte la différence quel que soit le montant du sinistre.

Comptes captifs de réassurance

Les comptes captifs de réassurance visent essentiellement à autofinancer les franchises dans le cadre de programmes internationaux d'assurance de type *master coordinated program*.

Dans ce type de montage juridico-financier, le groupe industriel verse une prime d'assurance décaissable à un courtier d'assurances international gestionnaire de captives de réassurance. Cette souscription de police d'assurance va être associée à la location d'un compte captif de réassurance pour des capitaux correspondant au montant de la franchise dans le cadre du programme international d'assurance.

La location de ce compte captif permet, dans le cas de l'inexistence de sinistres, de générer des produits financiers défiscalisés récupérés via une participation bénéficiaire au résultat (se traduisant par une diminution de la prime d'assurance pour l'année suivante).

Chaque compte captif est réassuré de façon autonome, ce qui sécurise le montage financier. En cas de sinistre, la société gestionnaire du compte captif donne l'ordre de céder les actifs en représentation et indemnise le sinistre pour le montant de la franchise.

Réassurance financière

La réassurance financière se fixe deux objectifs :

- intervenir sur des risques émergents que le marché de l'assurance classique refuse de reconnaître comme étant des risques assurables (bug de l'an 2000 en 1999, réchauffement de la planète, etc.) ;
- compléter les capitaux sur des risques assurables par le marché de l'assurance et de la réassurance technique, mais très éloignés des objectifs d'assurance recherchés.

Dans les deux cas de figure, la réassurance financière cherche à utiliser des techniques de titrisation visant à annuler un risque de sinistralité aléatoire en l'adossant sur des actifs financiers non risqués.

Le financement des risques non assurables

La réassurance financière peut venir se substituer aux techniques d'assurance dans l'hypothèse où le marché de l'assurance refuse de prendre en compte ces risques émergents. Les techniques utilisées sont identiques à celles développées ci-dessous.

La réassurance financière en complément de la réassurance technique

Les techniques de réassurance financière visant à compléter des capitaux existant dans le cadre d'un programme d'assurance traditionnel s'appuient sur des techniques d'ingénierie des risques relativement complexes.

Dans un premier temps, un groupe industriel souscrit un contrat d'assurance avec un assureur apériteur (coentreprise ayant à la fois la qualité d'assureur et de banquier pouvant intervenir en tant que syndicat bancaire). La prime d'assurance décaissée est déductible fiscalement.

L'assureur alternatif en sa qualité de banquier intervient en tant que syndicat bancaire pour acquérir des titres obligataires via la prime décaissée. Il procède ainsi à de la titrisation, en adossant le risque pur sur un actif financier non risqué présentant une rémunération certaine. Ce type de montage financier est assimilé à un véhicule de refinancement (*special purpose vehicle*) et s'avère très surveillé en comptabilité financière IFRS et US GAAP en tant que montage déconsolidant. À cet emprunt obligataire est adossée une option. Dans l'hypothèse où aucun sinistre ne se matérialise, les primes d'assurance versées annuellement alimentent la constitution d'un portefeuille obligataire rémunéré. L'option n'est pas exercée et les coupons générés par ce portefeuille sont récupérés par le groupe industriel via une participation bénéficiaire au résultat se traduisant par une diminution de la prime d'assurance sur les années à venir.

Dans le cas inverse (c'est-à-dire si le sinistre se matérialise), l'option est exercée, générant la cession d'actifs obligataires (titres détenus à échéance : *held to maturity*). La cession de ces actifs permet le remboursement du sinistre au groupe industriel, protégeant ainsi la rémunération de ses actionnaires.

D'un point de vue comptable, ce type de montage financier est assimilé à un instrument de marché, valorisé selon la technique de *value at risk* (en couverture de cash-flows).

L'instrument de marché apparaît à l'actif du bilan du groupe industriel pour une valorisation égale à la somme actualisée des amplitudes de cash-flows entre le scénario le plus optimiste (l'option n'est pas exercée) et le scénario le plus pessimiste (l'option est exercée chaque année avec la réalisation d'un sinistre majeur entraînant la cession de l'ensemble des titres détenus à échéance).

La contrepartie de cet actif financier correspond au passif à la constitution d'une réserve de juste valeur.

L'objectif de cette passation d'écriture est de comptabiliser la qualité de l'instrument de couverture que l'assureur alternatif a proposé à son client industriel pour financer des risques de sinistralité potentiels.

Chapitre 4

Choix optimal, budgétisation et mise en œuvre du dispositif

Critères de choix en termes de combinaison optimale

Il est inenvisageable de financer l'ensemble des outils de mise sous contrôle des risques présentés au chapitre précédent. Le choix optimal peut se réaliser via deux types de critères.

Scénarii inacceptables

Ainsi seront traités en priorité les scénarii qui, du fait de leur réalisation, pourraient remettre en cause la pérennité de l'entreprise. Dans ce cas de figure, le critère budgétaire est très secondaire, des investissements de prévention substantiels permettront d'éradiquer le risque à titre préventif.

Critère de la valeur actuelle nette

Pour les autres scénarii, le critère budgétaire est important. Comme dans toute décision d'investissement, il faudra démontrer l'impact des mesures préventives sur la protection du cash-flow en utilisant le critère de la valeur actuelle nette (VAN). Compte tenu du fait que le risk management s'intéresse aux risques de sinistralité, l'objectif n'est pas de rechercher la maximisation de la rentabilité économique, mais de rechercher la combinaison d'outils minimisant les pertes financières en cas de réalisation du risque (choix de la VAN la moins négative).

Le réseau budgétaire risk management

L'objectif du réseau budgétaire risk management est de fournir au risk manager un certain nombre d'outils de pilotage lui permettant de démontrer soit la maîtrise des coûts de son département, soit la rentabilité de son centre de profit (dans l'hypothèse où il est gestionnaire de systèmes captifs de réassurance).

Ce réseau budgétaire est composé de deux états budgétaires :
• le compte de résultat risk management ;
• le bilan risk management.

Compte de résultat risk management

Compte de résultat risk management budget 2003

Charges

- **Masse salariale : risk manager, ingénieurs sécurité, environnement**
- **Honoraires : contrôle technique, expertises, consulting**
- **Dotation : investissements de sécurité et gestion de crise**
- **Primes d'assurance : programme national, *master policy, umbrella policy,* captive de réassurance, réassurance financière**
- **Total coûts de fonctionnements**
- **Remboursement de sinistres**
- **Produits financiers de la captive**
- **Résultat analytique risk management**

Bilan risk management

Actif	Passif
Actif circulant	Passif circulant
Liquidités de la captive	
Titres de placement de la captive	Dettes commerciales Dettes sur rémunération
Créances clients	
Immobilisations	Ressources à long terme
Investissements de sécurité Investissements de gestion de crise	Fonds propres de la captive
	Quote-part dettes à long terme
Participations de la captive	
Autres investissements	

Chapitre 5

Reporting, monitoring et retour d'expérience

Spécificités des tableaux de bord risk management

Il existe deux typologies d'indicateurs au sein des tableaux de bord risk management :

- les tableaux de bord sinistralité. Ils suivent tant la fréquence que la gravité des sinistres par typologies de risques en vue d'identifier d'éventuelles tendances structurelles, ou permettent de calculer la prime technique (gravité × fréquence) :
  - sinistres automobiles,
  - sinistres IARD (incendie autres risques divers),
  - sinistres responsabilité civile,
  - sinistres informatiques,
  - sinistres accidents du travail,
  - sinistres atteinte à l'environnement,
- les tableaux de bord performance et pilotage.

Il s'avère indispensable de construire au sein du Sirm des tableaux de bord management des risques dynamiques, basés sur une logique de pondération (intégrant la tolérance au risque, les impacts et la fréquence), les attributs de chaque risque et l'évolution de la vulnérabilité dans le temps.

Les indicateurs retenus ont pour finalité de s'assurer de l'atteinte des objectifs et de comprendre les moyens mis en œuvre pour les atteindre :

- ratio sinistres à prime ;
- coût des sinistres ;
- diminution de la fréquence des sinistres ;
- efficacité de la politique de souscription ;
- coût des processus risk management engagés (*credit management*, supervision risque informatique, etc.).

Retour d'expérience et sûreté de fonctionnement

Certains groupes industriels complètent l'analyse de la sinistralité par la mise en œuvre d'approches du type sûreté de fonctionnement, visant à éradiquer les causes de survenance du risque. Ce type d'approches nécessite de réaliser une analyse causale suite à chaque sinistre en vue d'identifier les différentes typologies de causes internes ou externes :

- défaillance humaine ;
- mauvaise organisation ;
- défaillance du management ;
- insuffisance de prévention ;
- cas de force majeure.

Chapitre 6

Retour d'expérience sur la mise en œuvre de la méthodologie risk management

Quels compromis pour quels objectifs ?

Délais

Le délai de mise en œuvre du dispositif de management des risques est un facteur déterminant dans le choix de l'organisation et des objectifs à fixer au périmètre du dispositif de risk management.

Le délai dépendra de la nature même du projet et des objectifs que la société se fixe.

De nombreux groupes cotés français s'orientent via une approche construite sur un rétroplanning. En général, ces groupes partent d'une approche purement descriptive de leur dispositif de risk management. L'évolution vers un système de risk management efficace, nécessitant de mesurer l'efficacité du dispositif par la construction du système d'information risk management, génère des impacts organisationnels substantiels.

Les dispositifs de fusions-acquisitions et rapprochements doivent être examinés avec précaution. Ils peuvent entraîner la construction, dans des délais très rapides, d'un dispositif de risk management imposé par la société prédatrice à la société cible, sans négociation possible de cette dernière. Cela peut se traduire par des cartographies de risques inadaptées, et par un dispositif soit surdimensionné ou sous-dimensionné et relativement inefficace.

Périmètre et champs du projet

Pour différencier le périmètre de consolidation comptable et de risk management, on fera remarquer que le périmètre du dispositif de risk management n'est pas nécessairement égal au périmètre de consolidation ou de combinaison intégrant la société mère, les filiales, les sociétés affiliées, coentreprises et entités *ad hoc*.

En effet, il est nécessaire de réfléchir sur le dispositif de risk management des entités (sociétés, unités d'affaires, zone géographique) en fonction de seuils de matérialité significatifs (poids des processus dans les états financiers).

De ce fait, certaines entités non significatives peuvent être exclues du dispositif de risk management où parfois le niveau d'exigence requis n'est pas le même en fonction de la taille de la filiale ou de la société affiliée.

Organisation

Structure *ad hoc* créée de type direction

La création d'une structure *ad hoc* de risk management implique, de la part de la direction, la volonté d'afficher clairement dans l'organigramme l'importance du projet et de la pérennité du dispositif.

Cette structure peut être concentrée sur un responsable du risk management et s'appuyer sur des relais que sont les correspondants risk management de division.

La création d'une telle structure ne vise pas à déresponsabiliser les opérationnels, bien au contraire, mais à permettre une meilleure coordination et un langage unique.

Construction collégiale basée sur une responsabilité managériale

Certains groupes décident de construire un dispositif de risk management mature à partir d'une production collégiale portée par les opérationnels via des comités de risques. Ce dispositif porte en lui-même ses forces et ses faiblesses (ses forces : les cartographies de risques correspondent à une connaissance approfondie des métiers ; ses faiblesses : on assiste rapidement à des divergences méthodologiques générant des « chapelles du risk management » au sein de la même entreprise).

Construction collégiale fédérée par une direction du risk management

D'autres groupes adoptent une approche mixte impliquant les opérationnels mais s'assurant d'une cohérence méthodologique via la direction du risk management.

Budget

Internalisation ou externalisation

Le choix d'internaliser ou d'externaliser le projet n'est pas sans incidences ni risques. Certaines filiales de grands cabinets de commissariat aux comptes proposent en effet ce type de prestations. Tout internaliser permet d'impliquer les opérationnels dans la mesure où le responsable du projet a le poids suffisant dans la hiérarchie.

Le risque induit est une difficulté à identifier les bonnes pratiques qui ne seraient pas en place dans l'organisation.

L'externalisation complète du dispositif de risk management n'est pourtant pas conseillée. Le risque de désappropriation par les équipes internes du dispositif est très élevé. Une fois les consultants partis, le dispositif s'étiole et n'est plus maintenu, alors que les risques et processus critiques sont toujours présents.

Bien entendu, un mélange des deux permet d'allier la connaissance interne et le benchmark de ce qui se pratique ailleurs.

Niveau d'automatisation donné au Sirm

La problématique du niveau d'automatisation à donner au système d'information risk management (Sirm) est l'une des plus sensibles à traiter dans le cadre du projet construction d'un dispositif de management des risques.

L'idée est bien de construire un dispositif de risk management qui permette de mesurer l'efficacité de la démarche.

Avec quels moyens ?

Mobilisation des équipes et de la direction : un engagement incontournable de la direction générale

Constituer ses équipes internes, trouver le meilleur accompagnement externe avec des outils appropriés pour l'objectif fixé est essentiel.

Mais tout cela ne fonctionnera que si l'engagement total et affiché de la direction générale et des autorités de gouvernance est sans faille. Cet engagement est visible par la création des comités de risque réunis régulièrement avec des comptes rendus partagés et largement diffusés.

Appropriation des spécificités méthodologiques et du langage risk assessment

Le langage du risk management n'est pas immédiat pour tous. La formation à ses spécificités est essentielle, et pas seulement pour l'équipe chargée du dispositif. Cet engagement de formation permet à tous de parler un langage commun et d'adhérer en bonne connaissance de cause au dispositif, qui, de fait, devient un élément à part entière de l'activité.

Prise en compte de la dimension multiculturelle et intermétiers, et prévention du risque social

La construction d'un dispositif de risk management efficace passe, de notre point de vue, par la nécessité de brasser les populations fonctionnelles et opérationnelles pour faire converger les buts.

Management du projet et outils de mise en œuvre

La construction d'un dispositif de risk management mature nécessite de développer une approche progressive et pragmatique. Vouloir tout couvrir en une seule fois est illusoire et inefficace.

Il faut bien cerner les enjeux majeurs et les zones à risque pour mettre en œuvre les dispositifs adaptés à chaque groupe, qui seront améliorés au fil de l'eau.

Première étape : définir un *référentiel de risk management* adapté à la culture du groupe, puis fixer ses priorités par rapport à ce référentiel en alignant le dispositif sur les objectifs stratégiques.

Deuxième étape : *l'intégration de la notion de risques* est primordiale, afin de focaliser les énergies sur les véritables enjeux du groupe et favoriser l'efficacité des moyens alloués. À ce stade une cartographie des risques s'avère indispensable.

Troisième étape : identifier et/ou *définir les règles, modèles d'organisation et modes de gouvernance du groupe au regard des risques et objectifs* du groupe, en s'assurant de la documentation et de la communication de ces principes.

Quatrième étape : *passer en revue les processus majeurs et critiques de l'entreprise*, ainsi que ses méta-risques, en visant à identifier les dysfonctionnements significatifs nécessitant d'engager des plans correctifs (cette étape constituant un véritable levier d'amélioration de la performance).

Cinquième étape : définir les *modes de surveillance de ces dispositifs* et les acteurs associés.

L'entreprise industrielle hors risque

L'objectif de cette deuxième partie est de fournir au lecteur :
• les outils en vue de réaliser une cartographie des risques de façon efficiente ;
• une matrice de mise sous contrôle effective par risque industriel majeur (IARD, informatique, produit, etc.).

Chapitre 1

Cartographie des risques industriels

Modalités de réalisation d'une cartographie des risques

La construction et l'actualisation d'une cartographie des risques est un processus complexe nécessitant d'impliquer l'ensemble des mandataires sociaux au niveau international et les correspondants risk management par zone géographique.

La première étape consiste à identifier les micro-risques au niveau de chaque filiale, en partant de la sinistralité observée et en simulant d'autres risques potentiels affectant les centres de risque.

La deuxième étape consiste à agréger ces micro-risques en macro-risques, à la fois par unité d'affaires et par zone géographique à l'international, en faisant ressortir certaines spécificités (existence du risque politique, par exemple lié à certaines zones géographiques ; ou existence de risques spécifiques liés à chaque unité d'affaires).

La troisième étape permet la consolidation des méta-risques au niveau consolidé du groupe, en mettant en exergue les risques inacceptables nécessitant de déployer des outils de gestion de crise en cas de réalisation.

Bien souvent, notre expérience en termes de réalisation de cartographie des processus fait ressortir des divergences d'appréciation substantielles, par unité d'affaires ou par zone géographique, majorées par une difficulté de réaliser l'exercice d'actualisation des cartographies de façon récurrente.

La prise en compte des spécificités sectorielles

La construction des cartographies doit prendre en compte des spécificités sectorielles liées aux groupes industriels.

Ainsi sont concernées par le risque « produit » (dommages corporels liés à la consommation des produits) les entreprises suivantes :

- laboratoires pharmaceutiques ;
- groupes agroalimentaires ;
- groupes automobiles.

Sont surtout concernés par le risque « atteinte à l'environnement » les groupes appartenant au secteur suivant :

- groupes pétroliers ;
- entreprises chimiques ;
- entreprises à « risques hautement protégés ».

La construction d'une cartographie des risques intègre donc à la fois des risques génériques concernant l'ensemble des entreprises (risques client, fournisseur, etc.), et des risques spécifiquement sectoriels.

Donner de l'intelligence au dispositif de risk management

La construction d'un dispositif de risk management mature au sein des groupes industriels ne passe pas uniquement par le déroulement d'une méthodologie structurée. Elle implique aussi de donner une « intelligence globale » au dispositif de risk management en vue de se concentrer sur les risques industriels significatifs.

Il s'agit donc de mettre en œuvre un dispositif se focalisant sur :
- une démarche systématique et récurrente pour identifier, hiérarchiser, prioriser, évaluer et mettre sous contrôle les risques industriels ;
- une compréhension et une analyse transverse des risques affectant le groupe ;
- une compréhension des interrelations entre les différents risques (notion de scénarii de rupture) ;
- la relation directe avec la création de valeur (en quoi un dispositif de risk management efficace protège la création de valeur du groupe ?) ;
- l'intégration du risk management dans le quotidien (*risk assessment* : réfléchir risques !) ;
- le suivi de l'exposition aux risques via un système d'information risk management efficace ;
- le niveau d'adéquation du dispositif de risk management face à l'appétence du groupe en termes de risques.

Risk management et appétence au risque

La construction d'un dispositif de risk management efficace passe par la réalisation d'un diagnostic objectivant le niveau d'appétence réel des dirigeants face aux risques.

Il existe ainsi cinq profils psychologiques différents en termes d'arbitrage risques/opportunités, dont les caractéristiques sont les suivantes.

Le profil risquophile

La prise de risque est considérée comme étant une composante à part entière de la stratégie générale du groupe, elle est encouragée à ce titre.

Le risque est reconnu en tant que valeur et les aspects réglementaires sont assimilés à des opportunités.

Le profil tolérant aux risques

Le groupe adopte une stratégie agressive en termes de prise de risque.

La mise sous contrôle des risques passe par des choix d'acceptation ou de réduction de ces derniers.

Le profil neutre

Le groupe adopte une approche structurée en termes d'arbitrage risques/opportunités.

Les critères de rentabilité et de prise de risque sont évalués à un niveau identique.

Le profil moyennement risquophobe

Le groupe prend énormément de précautions en termes d'évaluation et de quantification des risques.

Les objectifs associés au risk management sont prioritaires sur les objectifs de rentabilité du groupe.

Le groupe préfère transférer des risques sur des tiers.

Le profil risquophobe

Le groupe accepte un minimum de risques.

Les risques qui ne peuvent être mis sont contrôle sont supprimés. Cela peut se traduire par un désengagement de certaines activités.

Structuration « top down » ou « bottom up » ?

La mise en œuvre d'un dispositif de risk management « dans l'urgence » présuppose l'implémentation d'une approche *top down* à partir d'un catalogue de risques groupe, qui sera affinée ultérieurement par une approche *bottom up*.

La réalisation d'une cartographie des risques à partir du terrain (*bottom up*) s'avère difficile à mettre en œuvre dans la pratique, et ce, pour deux raisons :

- différences de perception des risques par unité d'affaires et en fonction de la culture d'appartenance ;
- différences substantielles dans la quantification des impacts et dans l'estimation des probabilités d'occurrence des risques (les dirigeants opérationnels ont souvent tendance à surévaluer les impacts des risques pour étayer leur importance, ce qui nécessite ultérieurement des péréquations importantes).

Préparer la certification ISO 31000

Le projet de norme ISO 31000 « Management du risque » est intéressant car il permet d'aboutir à une convergence potentielle entre une méthodologie normative et une méthodologie réglementaire (COSO). Le projet de norme ne concerne pas seulement les groupes cotés mais l'ensemble des organisations privées ou publiques.

Le projet de norme est structuré en trois points :

- principes de management des risques ;
- cadre organisationnel du management des risques ;
- processus de management des risques.

Principes de management des risques

Le projet de norme ISO 31000 prévoit un certain nombre de principes fédérateurs structurants, c'est-à-dire qu'il vise à :

S'assurer de la création de la valeur

À la différence de la méthodologie du COSO, le projet de norme ISO fait ressortir explicitement l'exigence de création de valeur ou de protection de cette dernière via la protection des biens et des personnes et la protection de l'image de l'organisation.

Faire partie intégrante des processus organisationnels

Le projet de norme reconnaît le dispositif de risk management en tant que processus global et s'assure de l'existence d'une interrelation entre processus et risques.

Être intégré dans la prise de décision stratégique

ISO 31000 reconnaît la dimension *risk assessment* comme étant une dimension essentielle et met en exergue l'implication du *top management* en termes d'arbitrage risques/opportunités, ainsi que le niveau d'appétence des dirigeants en termes de maîtrise des risques.

Traiter explicitement de l'incertitude

Le projet de norme demande à l'organisation de donner sa définition des risques aléatoires et incertains ainsi que de qualifier la notion de risques acceptables et inacceptables.

Avoir une approche systématique, structurée et proactive

La norme est fondée sur la construction d'un dispositif récurrent basé sur le retour d'expérience et la notion d'éradication du risque.

Se baser sur la meilleure information disponible

ISO 31000 reconnaît l'exigence d'étayer le dispositif de risk management sur l'étude de séries chronologiques antérieures, mais aussi d'éléments de veille permettant de mieux anticiper le futur.

Être construit sur mesure

Le projet de norme ISO reconnaît la nécessité d'adapter le dispositif de management des risques à l'organisation, aux spécificités culturelles de l'organisation. Cet aspect est fort intéressant et se différencie de la méthodologie du COSO, qui est relativement monolithique.

Intégrer les facteurs humains et culturels de l'organisation

La norme reconnaît le poids du comportemental dans la mise en œuvre d'un dispositif de management des risques efficace. À noter, là encore, une différence substantielle avec le COSO, qui ne met en exergue que l'aspect méthodologique, sans s'intéresser à la dimension psychosociologique.

Être transparent et participatif

ISO 31000 met en exergue l'importance de construire un dispositif de management des risques avec la collaboration des parties prenantes (fournisseurs, sous-traitants, entités portant des processus externalisés).

Là encore, il faut noter l'aspect innovant et différenciateur du projet de norme par rapport au COSO, qui ne raisonne qu'en fonction du périmètre de consolidation statutaire *stricto sensu*.

Être dynamique, itératif et réactif

ISO 31000 reconnaît la nécessité d'être en veille permanente par rapport à l'identification des risques émergents. En ce sens, la norme se différencie de la méthodologie du COSO, qui raisonne plutôt en termes de risques embarqués relativement stabilisés.

Faciliter l'amélioration et l'évolution continue de l'organisation

La finalité du dispositif est la montée en puissance du niveau de maturité du dispositif de management des risques (attributs d'un management des risques amélioré).

Le cadre organisationnel du management des risques

Le dispositif de management des risques prévu dans le projet de norme ISO est structuré en cinq étapes.

Mandat et engagement

Cette étape nécessite un engagement officiel des acteurs de la gouvernance en conformité avec l'ensemble des réglementations en vigueur.

Conception du cadre organisationnel de management du risque

Elle passe par une analyse stratégique du type forces et faiblesses, risques et opportunités en intégrant à cette démarche les parties prenantes externes.

L'originalité de ce projet de norme ISO réside dans l'intégration systématique de ces dernières dans le dispositif de management des risques, du fait qu'elles portent une partie significative des risques de sinistralité.

Mise en œuvre du management des risques

Elle passe par la mise en œuvre du cadre organisationnel de management des risques et se traduit, entre autres, par l'obligation pour l'entreprise de justifier ses prises de décision, y compris la détermination des objectifs alignés sur les résultats du processus de management des risques.

Surveillance et revue du cadre organisationnel

Cette étape impose la construction d'indicateurs de performance permettant de monitorer la montée en puissance de la maturité du dispositif de risk management et d'effectuer régulièrement des revues de performance.

Amélioration continue du cadre organisationnel

Cette étape doit se matérialiser par une éradication des causes des risques les plus significatifs via retour d'expérience (voir l'analyse du type sûreté de fonctionnement).

Le processus de management des risques

Le processus prévu par le projet de norme ISO se décompose en cinq étapes.

Communication et consultation

Cette première étape vise à partager, avec les parties liées, une même vision du dispositif de management des risques à mettre en œuvre, en échangeant les hypothèses de travail communes.

Établissement du contexte

Par la prise en compte de l'ensemble des contraintes et opportunités offertes par les évolutions réglementaires (réglementaire, concurrentiel, monétaire, démographique, etc.) et de la flexibilité de l'organisation interne mise en œuvre pour anticiper ces risques environnementaux.

Appréciation du risque

Identification du risque

L'objectif est de réaliser une cartographie des risques basée sur les événements susceptibles de faciliter, d'empêcher, de différer l'atteinte des objectifs. Le dispositif vise aussi à s'intéresser aux risques liés à la non-saisie d'une opportunité.

Dans ce sens le projet de norme ISO 31000 couvre à la fois les dimensions corporate et business risk management.

Analyse du risque

Le projet de norme demande de décrire les causes des risques affectant les processus ainsi que leur impact positif ou négatif, en probabilisant les faits générateurs.

La méthodologie proposée va dans le sens des approches classiques développées en termes de contrôle interne et de management des risques.

Évaluation du risque

Cette étape consiste à comparer le niveau de risque estimé lors de la simulation des scénarii de risques avec les critères de risque établis lors de l'établissement du contexte.

Si le niveau de risque ne satisfait pas les critères d'acceptabilité (parce qu'il se traduit par une remise en cause de la pérennité de l'entreprise), il convient que le risque fasse l'objet d'un traitement (duplication, séparation, suppression, etc.).

Traitement du risque

L'objectif de cette étape est de supprimer le risque ou de réduire le niveau de vulnérabilité de l'entreprise :

- éviter le risque en décidant de ne pas commencer une nouvelle activité ou de supprimer une activité existante ;
- supprimer la source du risque via des investissements de protection ;
- changer la probabilité d'occurrence via des investissements de duplication ;
- partager le risque avec une ou plusieurs parties prenantes (dont transfert par l'assurance).

Cette méthodologie de traitement du risque est identique à la méthodologie américaine d'audit en risk management définie par l'Associate in Risk Management (ARM).

Surveillance et revue

Cette phase passe par la construction d'un système d'information management des risques permettant de suivre le monitoring des risques.

Cette méthodologie s'avère relativement proche de celle de l'ARM, qui se décompose en cinq étapes :

- identification et analyse des risques (étude de la sinistralité antérieure, simulation de l'impact d'un sinistre majeur sur les objectifs stratégiques, quantification des pertes générées par un sinistre majeur) ;
- étude des outils de contrôle des risques (contrôle interne, technique et financier des risques) ;
- choix optimal en termes de combinaison d'outils (basé sur les critères de la minimisation des impacts) ;
- mise en œuvre des décisions (dont budgétisation) ;
- reporting, monitoring (tableaux de bord management des risques).

Chapitre 2

Le dispositif de corporate risk management

L'objectif de ce chapitre est de présenter les modalités de mise sous contrôle transverse des risques de sinistralité pouvant affecter un groupe industriel, à savoir :
- la mise sous contrôle du risque produit/production ;
- la maîtrise du risque informatique ;
- la mise sous contrôle du risque client ;
- la mise sous contrôle du risque fournisseur ;
- la mise sous contrôle du risque politique ;
- la mise sous contrôle du risque humain ;
- la mise sous contrôle du risque social ;
- la mise sous contrôle du risque atteinte à l'environnement ;
- la mise sous contrôle du risque IARD.

La mise sous contrôle du risque produit

Des enjeux nécessitant le recours aux financements alternatifs

Compte tenu de l'importance des enjeux financiers liés à la remise en cause de la responsabilité civile produit de nature contractuelle ou quasi délictuelle, les groupes industriels ont dû compléter le transfert du risque produit via des programmes d'assurance à l'international (exemple du *master coordinated program*), par la création de systèmes captifs de réassurance (dont font partie les sociétés captives de réassurance) permettant de lever des fonds complémentaires à ceux souscrits sur le marché concurrentiel domestique de l'assurance.

Ils doivent aussi muscler le dispositif de gestion de crise via des procédures confidentielles (plan de retrait des produits, plans de survie, communication de crise). L'objectif de ces procédures est de fournir une check-list d'instructions opérationnelles à utiliser en cas de remise en cause de la responsabilité civile produit, et de définir *a priori* les registres de communication de crise à développer.

L'objectif du recours aux financements alternatifs, quant à lui, est de permettre aux groupes cotés de lever des fonds complémentaires en deuxième ou troisième ligne et de constituer de l'autofinancement défiscalisé, dans l'hypothèse où aucun sinistre ne se présente.

Ce montage relevant de l'ingénierie des risques permet aussi, en cas de plan de retrait majeur, de protéger la surface financière du groupe et de verser la rémunération prévue à l'actionnaire.

Ce type de montage n'a de sens que si le groupe maîtrise parfaitement ses risques de responsabilité civile générale, à laquelle est rattaché le risque produit.

Des scénarii de communication de crise produit modifiant les registres de communication externe traditionnels

La routine et l'*enactment* sont des attitudes managériales normales des groupes de taille importante.

Par voie de conséquence, une situation de crise va fortement affecter la culture du groupe et risque de paralyser son fonctionnement.

Cependant une situation de crise à des impacts anxiogènes et psychologiques remettant en cause les processus routiniers de l'entreprise.

Ainsi, la crise du Tynelol a remis en cause dans la culture de Johnson & Johnson la croyance selon laquelle un médicament ne peut qu'améliorer la santé des individus.

De même, la crise du benzène chez Perrier enseigna aux dirigeants du groupe que l'eau de source pouvait s'avérer toxique.

Les groupes industriels doivent donc formaliser, à titre préventif, la communication de crise à mettre en œuvre en cas de remise en cause de la responsabilité civile produit :

• définir une stratégie marketing et *mix marketing* de crise par grande famille de faits générateurs (acte de criminalité, dysfonctionnements du système de contrôle qualité) ;

• définir les différentes typologies de cibles, les médias utilisés, la nature et le contenu du message ;

• mettre en œuvre une structure de veille médiatique, permettant d'enregistrer à titre préventif les risques de dérive au titre du risque produit (seuil d'alerte sur le reporting réclamations clients).

Le contenu du message, quant à lui, peut être offensif, en vue d'exonérer la responsabilité civile produit en cas de rumeur non justifiée ou dans le cas d'une simple relation de corrélation. Au contraire, le contenu peut être défensif et sécurisant, dans le cas d'une relation de causalité. Il peut d'autre part opter pour un registre relativement généraliste pour le grand public, et opter pour un mode opératoire et descriptif pour le réseau de distribution (modalités de retrait, de substitution, d'indemnisation).

Enfin les cibles, quant à elles, seront relativement segmentées (prescripteurs, *stakeholders* - preneurs de risques [clients, fournisseurs, réseau de distribution, etc.]).

À titre curatif, la communication de crise exige :

• d'avoir des structures permanentes pour informer et être informé rapidement ;

• de pouvoir prendre du recul ;

• de rester crédible et cohérent ;

• de gérer en même temps les acteurs internes et externes ;

• de communiquer sans gêner les responsables opérationnels.

L'efficacité de la communication de crise adoptée dans le cadre d'une réflexion menée en termes de risque produit présuppose la négociation préalable d'un contrat de back-up avec une structure de marketing téléphonique, prévoyant la mise en œuvre d'un numéro vert, interrogeable gratuitement par les tiers.

L'intérêt majeur de l'utilisation de cette structure réside dans le fait que, d'une part, par le biais de la mutation de cadres de l'entreprise sur cette structure, le groupe va véhiculer un registre de communication de crise unique et standardisé concernant ce scénario de crise et que, d'autre part, l'entreprise ne dispose pas en général sur son propre site d'une capacité de traitement des appels téléphoniques d'un volume suffisamment conséquent en cas de crise.

Une logistique plan de retrait des produits du marché modifiant la composante distribution du *mix marketing*

L'outil plan de retrait logistique des produits du marché nécessite la rédaction préalable d'une procédure confidentielle expliquant dans quel cas de figure le groupe sera obligé soit de procéder à une suspension provisoire de commercialisation, soit de procéder à un retrait effectif des produits du marché (uniquement dans le cas de l'existence d'une relation d'imputabilité).

Voici les différents modes de retrait envisageables :

• sélectif/global, dépendant de la traçabilité des lots ;

• à l'initiative de l'entreprise ou à celle du client.

Cette procédure explique aussi les liens entre l'outil plan de retrait et les autres outils de crise connexes (cellule de crise, plan de survie et communication de crise).

Le plan de survie dans le cadre du plan de retrait des produits vise à organiser la fabrication des produits de substitution, à arrêter la fabrication du produit incriminé, à prévoir l'indemnisation des clients ayant subi un préjudice.

Dans le cadre de la mise en œuvre de la loi de sécurité financière et de la convergence vers la 8ᵉ directive européenne sur l'audit légal, les groupes cotés français et européens doivent formaliser leurs processus de *business risk management* en vue de protéger la rémunération des actionnaires. La mise sous contrôle du risque de remise en cause de la responsabilité civile produit s'avère être un dossier prioritaire pour les groupes susceptibles d'être affectés par un tel scénario de crise.

Au-delà des outils de gestion de crise produit devant être conçus *a priori*, la culture *risk assessment* doit devenir un préalable comportemental pour aboutir à une véritable efficacité de ces outils.

La mise sous contrôle du risque informatique

La mise sous contrôle du risque informatique, tant physique (destruction d'une salle d'exploitation) qu'immatériel (contamination virale, etc.), concerne aussi bien les groupes industriels que tertiaires.

Le contrôle préventif des risques intègre à la fois les outils de contrôle interne et de gestion de crise informatique, les investissements de sécurité informatique et les outils de contrôle financier.

Contrôle préventif du risque informatique

Contrôle interne et outils de gestion de crise

Sont intégrées dans cette famille d'outil les procédures suivantes :

- sécurité logique (sauvegardes) ;
- sécurité physique (contrôle des accès de la salle d'exploitation, du réseau) ;
- plan de protection des informations ;
- procédures de gestion de crise (plan de reprise d'activité informatique, identification des applicatifs critiques, plan de reprise dégradé).

Bien entendu, ces procédures n'ont de sens que si leur efficacité est testée régulièrement.

Contrôle technique

Il intègre les investissements de sécurité physique (onduleurs, détection d'intrusion) et logiques (firewall), mais aussi les charges d'exploitation engagées au titre de la sécurité informatique (ingénieurs en charge de la sécurité informatique par exemple).

Contrôle financier

Le contrôle financier du risque est essentiellement constitué du transfert contractuel du risque.

De nombreux groupes souscrivent une police globale informatique pour assurer le matériel informatique quels que soient sa qualification juridique et les frais de reconstitution des médias en cas de défaillance du dispositif de sauvegarde. Peuvent aussi être souscrits des frais d'exploitation supplémentaires, tels que la location d'un ordinateur de remplacement.

De surcroît, le déploiement d'un plan de reprise informatique passe obligatoirement par la souscription de clauses de back-up à titre préventif auprès de constructeurs informatiques permettant le redéploiement des traitements critiques chez ce dernier en cas de sinistre.

Contrôle curatif du risque informatique

Contrôle interne et outils de gestion de crise

En cas de sinistre informatique, la cellule de crise déploiera le plan de reprise d'activité informatique en faisant traiter en priorité les applicatifs critiques à la date du sinistre avec la communication de crise interne et externe associée.

Contrôle financier

En cas de sinistre, l'assureur a une obligation d'indemnisation via la police globale informatique, à l'exception de la franchise pouvant être financée via un compte captif de réassurance.

La mise sous contrôle du risque client

Contrôle préventif du risque client

Contrôle interne

La mise sous contrôle du risque client dépend du type de stratégie marketing développée par l'entreprise.

Ainsi, dans le cas d'une stratégie *business to business*, les outils mis en œuvre sont les suivants :

• analyse financière des clients ;

• renseignements sur les sociétés ;

• mise en œuvre d'outils de scoring client ;

• mise en œuvre d'un dispositif de crédit management ;

• procédure de gestion à l'amiable et de précontentieux.

Alors que, dans le cadre d'une politique *business to customer*, les outils associés sont les suivants :

• vérification de la cotation Banque centrale (fichage Banque centrale) ;

• tableaux de bord incidents de paiement ;

• analyse financière des revenus déclarés ;

• procédure de gestion à l'amiable et précontentieux.

Contrôle financier

La mise sous contrôle du risque client passe par différents types d'outils :

• transfert contractuel du risque client : exemple via contrat d'affacturage ;

• transfert par assurance : via assurance-crédit simple ou assurance-crédit Excess nécessitant la mise en œuvre d'un dispositif de crédit management efficace ;

• transfert financier : via l'utilisation de crédits documentaires irrévocables et confirmés (qui ont en plus l'intérêt d'annuler le risque politique), titrisation de créances clients (exemple de fonds communs de créances).

Contrôle curatif du risque client

Contrôle interne

La mise sous contrôle du risque en *post loss* se matérialise par la mise en œuvre de procédures de contentieux couplée à la voie extrajudiciaire (recours à des huissiers de justice ou à des sociétés de recouvrement).

Contrôle financier

Il se matérialise en cas de souscription d'une police d'assurance-crédit par une indemnisation assurance suite à la comptabilisation d'une provision pour créances irrécouvrables.

© Groupe Eyrolles

La mise sous contrôle du risque fournisseur

La prévention du risque approvisionnement (rupture d'approvisionnement ou non-qualité dans l'approvisionnement) passe par une réflexion plus générale sur les filières d'approvisionnement à risque et sur les processus à risque éventuellement portés par des fournisseurs captifs.

La mise en œuvre d'une stratégie de risk management efficace en termes de maîtrise du risque approvisionnement peut se traduire éventuellement par un conflit d'objectifs privilégiant la stratégie de partenariat avec les fournisseurs.

Une réflexion stratégique du risque approvisionnement doit aussi faire réfléchir le risk manager sur le rôle et l'importance des fournisseurs captifs. Ainsi, dans le référentiel IFRS, ces derniers sont assimilés dans la norme IAS 24 (*related parties*) à des entités relevant du périmètre de consolidation comptable du groupe, alors qu'il n'existe aucun lien capitalistique entre le groupe industriel et le fournisseur stratégique. L'objectif de l'IASB (International Accounting Standard Board), lorsqu'il a produit cette norme, est de faire ressortir en communication financière le risque que le groupe prend à se concentrer sur un monofournisseur stratégique et, à l'inverse, de mettre en exergue le risque de dépendance du fournisseur vis-à-vis du groupe.

Ce risque encore plus majoré et mis en exergue dans le cas de création de SPE (*special purpose entreprise*) ou de SPV (*special purpose vehicule*), montages juridiques et contractuels *ad hoc* visant à déconsolider les stocks du bilan du groupe industriel.

Contrôle préventif du risque fournisseur

Contrôle interne et gestion de crise

La prévention du risque approvisionnement passe tout d'abord par la mise en œuvre d'un dispositif de scoring fournisseur (financier et stratégique) et par une démarche de veille de fournisseurs de substitution par typologie d'approvisionnement.

Du point de vue de la réflexion préventive portant sur la simulation de scénarii de crise, il est envisageable de prévoir, dans le cadre de la mise en œuvre de plans de reprise d'activité, d'associer certains fournisseurs à cette mise en œuvre (via des clauses de back-up où les fournisseurs s'engageront à porter une partie du coût de possession des stocks en cas de sinistre majeur).

Contrôle financier

La mise en œuvre d'un financier efficace portant sur le risque fournisseur passe par trois leviers d'action :

- transfert via programme d'assurance à l'international : peut se matérialiser par la souscription dans le cadre d'un programme du type souscription locale des risques, ou *umbrella*, ou *master policy*, d'une clause « carence de fournisseurs » consécutive ou non consécutive à un dommage matériel ;

- transfert via clause de back-up signée par les fournisseurs captifs : formalisé via une clause de mise à disposition de ressources logistiques (le groupe devra vérifier, via audit de site, l'existence réelle des capacités logistiques de stockage proposées par le fournisseur) ;

- transfert contractuel hors assurance : via le choix de clauses d'Incoterm, par exemple, limitant le risque fournisseur à l'international, ou via l'introduction de clauses de pénalités de retard en cas de rupture d'approvisionnement imputable au fournisseur.

Contrôle curatif

Contrôle interne et gestion de crise

En cas de sinistre maximum possible, le groupe industriel activera son plan de continuité des processus critiques et cherchera soit à redéployer les flux logistiques à l'international sur des usines non sinistrées ou à faire porter le coût de possession des stocks sur les fournisseurs ayant signé les clauses de back-up.

Contrôle financier

En cas de rupture d'approvisionnement substantielle, le recours à cet outil se traduira par une indemnisation assurance des pertes d'exploitation générées par cette rupture, quelle qu'en soit la cause (causes imputables aux fournisseurs, ou causes exogènes, telles que grève des transporteurs, par exemple).

La mise sous contrôle du risque politique

Le risque politique peut se matérialiser soit par :
- le risque de ne pas récupérer des flux à l'international du fait d'un blocage de rétrocession de devises par une banque centrale d'un pays en développement ;
- le risque de destruction d'un actif par une guerre civile, militaire ou par la nationalisation de l'outil de production.

Du point de vue du référentiel IFRS, ce risque est déjà intégré à la source via la segmentation par zone géographique à l'international d'une part, et via la prise en compte d'un risque pays dans l'intégration du calcul du CMPC[1] d'autre part. De surcroît, la durée d'usage des *business plans* concernant ces pays à risque s'avère être beaucoup plus courte que la durée des *business plans* dans les pays relevant de l'OCDE.

Contrôle interne et gestion de crise

Protection des expatriés et des autochtones

Elle passe par la mise en œuvre de plans d'urgence et d'évacuation des expatriés spécifiques de concert avec les consulats et ambassades locales, ainsi que par des dispositifs spécifiques de protection des expatriés (gardiens parfois armés).

Protection des actifs

La protection des actifs se traduit par la mise en œuvre de dispositifs spécifiques (gardes armés, locaux hautement sécurisés).

---

1. Coût moyen pondéré du capital : coût moyen de constitution des ressources financières à plus d'un an.

Contrôle technique

Protection des expatriés et des autochtones

La protection des expatriés passe en général par un cloisonnement des expatriés dans des quartiers de haute sécurité et par l'accompagnement des salariés en contexte sécurisé par des gardes rapprochées.

Protection des actifs

Elle se matérialise par des investissements de sécurité (locaux et logements protégés).

Contrôle financier

Protection des expatriés et des autochtones

Elle se matérialise par la souscription de police d'assurance collective en cas de dommages corporels affectant le personnel ou par la souscription de polices responsabilité civile.

Protection des actifs

Elle se traduit par la souscription d'une multirisque industrielle via un programme international d'assurance venant compléter un programme de type « souscription locale des risques ».

La mise sous contrôle du risque humain

La définition du terme « risque humain » est à géométrie variable.

En France, du fait de l'existence d'un système de répartition, la définition de ce concept se limite aux cas suivants :

• accidents du travail ;

• incapacités ;

• décès consécutif à un accident du travail ;

• maladies professionnelles.

Dans les pays anglo-saxons, où le système de capitalisation prédomine, la définition du terme « risque humain » est beaucoup plus large et intègre les cas de figure suivants :

• maladie ;

• chômage ;

• maternité ;

• retraite.

Le financement de ces risques ne relève pas comme en France de contraintes réglementaires (systèmes à cotisations définies), mais d'un choix contractuel (prestations définies) correspondant à des avantages accordés au personnel.

Contrôle interne du risque humain

Se traduit par la mise en œuvre de procédure de sécurité des personnes associées à la mise en œuvre des plans d'organisation interne des secours.

Contrôle financier du risque humain

Se traduit par la souscription de polices d'assurance collectives, couvrant *a minima* le risque de décès en contexte professionnel, voire le financement du risque retraite et autres avantages au personnel via des systèmes de capitalisation. Dans ce dernier cas de figure, il existe deux grands systèmes :

* *unfunded plan* : dans ce cas de figure, la gestion des actifs subordonnés est confiée à un assureur tiers, qui a une obligation de réaliser les tests de dépréciation pour s'assurer de la performance des actifs en représentation de la provision pour avantages au personnel ;
* *funded plan* : dans cette configuration, la gestion des actifs est portée par une filiale domiciliée dans un pays bénéficiant d'une fiscalité avantageuse.

Le groupe a alors l'obligation de porter le risque actuariel, c'est-à-dire qu'il doit vérifier que les actifs subordonnés couvrent l'engagement porté au passif (principe du corridor, où l'écart entre l'actif et le passif ne peut dépasser 10 %).

La réalisation du risque se traduit par la cession d'actifs permettant le remboursement du sinistre.

La mise sous contrôle du risque social

La gestion du risque de grève est un scénario complexe à simuler car il est, dans le cas précis du management de la grève interne, générateur d'un conflit d'objectifs.

En effet, il s'agit de concilier deux objectifs en apparence antagonistes :

* assurer la continuité des processus stratégiques de l'entreprise ;
* respecter le droit de grève en tant que droit constitutionnel.

Contrôle préventif du risque social

La mise sous contrôle du risque social peut avoir pour objectifs de :

* mettre sous contrôle un risque de grève interne à l'entreprise ;
* mettre sous contrôle un risque de grève externe ou plus exactement en limiter les conséquences pour le groupe ;
* anticiper un scénario de crise mixant à la fois grèves interne et externe.

Traitement du risque social interne

À ce niveau, il s'avère essentiel de différencier le rôle de la direction des relations sociales, qui se chargera de la médiation permettant de sortir de la crise, et le rôle du risk manager visant à protéger en priorité les hommes clés, les actifs stratégiques et de redéployer les processus critiques des sites opérationnels sur des entités n'étant pas en grève.

Contrôle interne et gestion de crise

En cas de situation de grève paralysant l'activité d'un site industriel de façon substantielle, l'objectif du risk manager est d'identifier à titre préventif les éléments suivants :

- actifs stratégiques non dupliqués qu'il faudra protéger en priorité d'éventuels actes de vandalisme ;
- hommes clés non grévistes, dont salariés de nationalité étrangère ne relevant pas du droit du travail local ;
- processus critiques à redéployer ou protéger en cas de grève (déploiement des flux logistiques à l'international, protection des actifs et des hommes clés, protection du *cash management* et du *cash pooling*, etc.) ;
- mise en préalerte du plan d'urgence sur des sites industriels à risque (en cas de dérapage de la grève et d'actes de vandalisme éventuels).

Le rôle du risk manager est sensible dans ce type de scénario, car il doit conjuguer des éléments qui, en fait, sont des conflits d'objectifs, à savoir : le maintien du droit de grève avec continuité de l'exploitation des processus critiques du site sinistré.

Contrôle technique

Dans le cas de sites industriels du type risques hautement protégés, le risk manager peut envisager d'engager des moyens préventifs spécifiques à ce type de scénario de crise, qu'il pourra aussi activer dans le cadre d'autres scénarii de crise (du type atteinte à l'environnement) : duplication des portiques d'accès, etc.

Contrôle financier

La couverture du risque de grève interne est toujours un sujet sensible qui pose obligatoirement la question de l'adéquation du management et la qualité de la stratégie de gestion des ressources humaines. L'indemnisation par les techniques d'assurance classique s'avère donc peu envisageable. Il faut lui préférer le recours à des financements alternatifs que nous avons déjà évoqués.

Traitement du risque social externe

La mise sous contrôle du risque de grève externe est un scénario fréquent en France, pouvant être conjugué avec un scénario social interne (grève de La Poste, des transporteurs, etc.).

L'objectif ne consiste pas à supprimer le risque mais à en limiter les conséquences financières sur l'entreprise sinistrée.

Contrôle interne et gestion de crise

L'objectif du risk manager est de minimiser l'impact d'une grève affectant les flux logistiques amont et/ou aval en dupliquant :

- les transporteurs, les modes de transport (multimodal plutôt que mono-modal) ;

• les flux logistiques associés au courrier (recours préventif à des sociétés de messagerie).

La réponse à la mise sous contrôle de ce type de risque ne réside pas forcément dans le management des risques.

Elle peut parfois être apportée par une conception de la stratégie générale.

Ainsi, il y a une dizaine d'années, une compagnie d'assurances à forme mutualiste a eu à subir de plein fouet les conséquences d'une grève postale substantielle à une période de l'année où la majeure partie des appels de cotisations était bloquée par la grève et les règlements effectifs étaient eux-mêmes bloqués au niveau du courrier en attente.

La situation de crise passée, les dirigeants se sont posé la question des causes de sa gravité (entre autres pour la trésorerie du groupe). De fait les appels de cotisations étaient concentrés sur la fin de l'année en raison d'une souscription des polices au 1er janvier de chaque exercice. De plus, les règlements étaient peu mensualisés, et le recours au règlement par virement non systématisé.

Les choix préventifs à mettre en œuvre s'avéraient évidents :

• souscription des nouvelles polices étalées sur l'année ;

• règlement des cotisations mensualisé par prélèvement.

Contrôle technique

Le risk manager doit anticiper les conséquences d'une grève des transporteurs sur les stockages à risque (secteur de la chimie, par exemple). Il se doit donc d'évaluer le niveau de stock de sécurité nécessaire pour prévenir tout risque éventuel d'explosion, et de prévoir une mise en préalerte des sites possédant des installations classées à risque.

Contrôle financier

Il est souhaitable de prévoir la souscription d'une police perte d'exploitation couvrant la clause « carences de fournisseurs », qui, comme son nom l'indique, a pour vocation d'indemniser le préjudice financier causé par une grève externe.

En tout état de cause, l'assureur vérifiera l'existence d'un plan de reprise d'activité logistique amont et/ou aval avant d'autoriser la souscription d'une telle clause.

Contrôle curatif du risque social

Traitement du risque social interne

Contrôle interne et gestion de crise

En cas de déclenchement d'une grève partielle ou totale, le risk manager lancera la mise en œuvre de la procédure « gestion de crise » de la grève. Cette dernière aura pour objectifs :

• d'envoyer les salariés non grévistes sur d'autres sites (y compris étrangers) n'étant pas en grève ;

• d'assurer la protection des actifs risqués du site en grève ;

- de protéger les salariés grévistes et non grévistes (risques de conflits entre les deux typologies) ;
- d'envoyer les cadres clés intervenant sur les processus critiques sur des sites étrangers hautement protégés (ce sont en général des cadres du groupe ressortissants étrangers non soumis au droit du travail français).

Contrôle financier

Il sera possible d'activer des ressources financières si le groupe a souscrit avant sinistre la location de comptes captifs de réassurance, ou s'il possède une société captive de réassurance où le risque de grève interne a été souscrit.

Traitement du risque social externe

Contrôle interne et gestion de crise

En cas de déclenchement d'une grève, ou de plusieurs grèves externes, la cellule de crise activera le dossier de gestion de crise « grève externe », dont l'objet sera : soit de redéployer les flux logistiques (approvisionnement) dans des pays non grévistes, ou d'avoir recours à des transporteurs de substitution, ou à des moyens de transport dont la duplication a été négociée en préventif.

Contrôle financier

En cas de grève externe, le risk manager déclarera un sinistre à son assureur apériteur en vue de faire jouer la clause « carence de fournisseurs » tout en activant le plan de reprise d'activité sur des sites non sinistrés pour limiter l'impact financier du sinistre.

La mise sous contrôle du risque atteinte à l'environnement

La mise sous contrôle de ce risque est un enjeu majeur pour les groupes industriels RHP (risques hautement protégés) en termes de communication financière.

Ainsi, le rapport ISO 14001 (management durable de l'environnement) a souvent pour objectif de sécuriser les parties prenantes (dont les actionnaires), en démontrant la capacité du groupe à sécuriser les cash-flows en cas d'atteinte à l'environnement majeure.

Mise sous contrôle préventif du risque atteinte à l'environnement

Contrôle interne et gestion de crise

Les groupes industriels à risque environnemental majeur sont soumis à une obligation de communication spécifique vis-à-vis des riverains (communication sur les risques majeurs).

L'objectif de cette communication préventive est de donner des instructions aux riverains du site industriel à risque en cas de matérialisation des risques (doivent-ils évacuer ou, au contraire, se confiner en fonction des messages d'alerte envoyés ?).

Cette communication de crise environnementale préventive est associée à deux autres outils de gestion de crise, à savoir :
- le plan de reprise d'activité permettant de redéployer les processus critiques du site sinistré sur d'autres usines non affectées ;
- le plan d'urgence (plan d'organisation interne des secours) expliquant les modalités de gestion du sinistre en lui-même.

Contrôle technique

Le contrôle technique décrit l'ensemble des investissements de sécurité et des charges d'exploitation engagés au titre de la sécurité atteinte à l'environnement :
- doubles cuves de rétention ;
- station d'épuration ;
- plan de tests environnementaux ; etc.

Contrôle financier

Transfert par assurance

Les conséquences du risque atteinte à l'environnement sont essentiellement couvertes par la souscription d'une police d'assurance responsabilité civile générale et professionnelle.

Cependant, compte tenu de l'importance des capitaux pouvant être engagés, les capitaux traditionnellement souscrits dans ce type de programme se révèlent insuffisants. Il s'avère donc indispensable d'avoir recours à d'autres montages ayant pour objectif de protéger la surface financière du groupe en cas de réalisation du risque. Ainsi, l'entreprise peut souscrire en complémentant une police Assurpol[1], ayant pour objectif de monter en puissance les capitaux souscrits, entre autres, sur des risques de pollution chronique.

Si ce montage ne suffit pas, il convient alors d'envisager un autre montage relevant de l'ingénierie des risques.

Transfert par financements alternatifs

Le risk manager peut avoir recours, ou peut développer, un programme *multi-field, multi-yield* complétant le transfert à l'assurance au niveau des capitaux, et assurant une protection financière de façon pluriannuelle.

Il peut, par exemple, prévoir de souscrire un compte captif de réassurance en vue d'autofinancer la franchise de la police responsabilité civile (1re ligne), de financer les risques de 2e ligne via un assureur tiers fronteur, d'indemniser les risques de 3e ligne via l'assureur apériteur de la mère (dans le cadre de la souscription d'une *umbrella policy* ou d'un *master coordinated program*), de financer les capitaux de 4e ligne via le recours à une captive de réassurance.

Attention ! Dans ce dernier cas de figure, la captive de réassurance doit avoir signé des traités de réassurance de type *stop loss* limitant sa responsabilité à des capitaux limités en cas de sinistre majeur.

---

1. Assurpol : groupe d'intérêt économique européen finançant des risques de pollution chronique.

En effet, en 5ᵉ ligne, le risk manager peut avoir recours à la réassurance financière en souscrivant à la Bourse de commerce de Chicago une option pollution, par exemple.

Mise sous contrôle à titre curatif

Contrôle interne et gestion de crise

En cas de réalisation du risque atteinte à l'environnement, la cellule de crise adopte alors le plan d'urgence (à l'un de ses trois niveaux de gravité : POI, PPI, plan d'urgence), les plans de reprise d'activité et la communication de crise, tant interne qu'externe.

Contrôle financier

Le risk manager fera jouer l'ensemble des indemnisations prévues dans le cadre du programme *multi-yield, multi-field,* et aura recours à la cession des actifs titrisés en ce qui concerne le recours à la réassurance financière protégeant ainsi la rémunération de l'actionnaire.

La mise sous contrôle du risque incendie

Mise sous contrôle du risque IARD (incendies, autres risques divers) à titre préventif

Contrôle interne et gestion de crise

Le contrôle interne se caractérise par la rédaction de procédures de sécurité incendie et par la procédure de gestion de crise devant être testées régulièrement.

Contrôle technique

Il se matérialise à la fois par des dépenses engagées au titre de la sécurité (contrôle sécurité et prévention incendie certifié par des organismes de contrôle technique) et par des investissements engagés au titre de la sécurité incendie (*sprinklage* de l'usine, contrôle des accès, etc.).

Contrôle financier

Il se traduit par la souscription d'une police d'assurance multirisque industrielle couvrant l'ensemble des dommages matériels pouvant être générés par un incendie et par la négociation de clauses de back-up avec des fournisseurs et des sous-traitants captifs capables de porter des processus critiques en cas d'incendie.

Chapitre 3

Le dispositif de business risk management

Le dispositif de business risk management se fixe pour objectif de sécuriser l'élaboration des prévisions dans le domaine de la stratégie et de la maîtrise des risques financiers spéculatifs (change, intérêt, etc.).

La mise sous contrôle des risques financiers

La mise sous contrôle des risques financiers passe par l'utilisation d'instruments financiers par les trésoriers groupe ou les directeurs financiers en vue de générer des plus-values ou d'aboutir à un impact financier nul (recours à des options futures, swap, etc.). Il s'agit bien de mettre en œuvre à ce niveau des outils de mise sous contrôle de risques spéculatifs ne relevant pas d'une démarche classique du corporate risk management.

La mise sous contrôle des risques stratégiques

La mise sous contrôle des risques stratégiques passe par la construction de deux dispositifs complémentaires :
- la sécurisation de l'élaboration de la stratégie par unité d'affaires via la méthodologie du *balanced scorecard* ;
- la sécurisation de la qualité et de la sincérité des prévisions budgétaires sur lesquelles vont se fonder les versements d'acomptes sur dividendes, via les méthodologies d'élaboration de *business plan* et de révision de *business plan*.

Pour rappel, l'objectif du corporate risk management consiste à venir tester la résistance du *business model* mis en œuvre sur chaque unité d'affaires en démontrant que, dans tous les cas de figure, les objectifs stratégiques seront atteints, et que le groupe sera capable d'honorer la rémunération de l'actionnaire.

La sécurisation de l'élaboration des plans stratégiques via la méthodologie de la carte de performance

De la segmentation stratégique...

La construction d'un *business model* passe par une étape préalable qui correspond à la segmentation stratégique du groupe par unité d'affaires. Au sens de la norme IAS 14, un groupe industriel doit procéder à une double segmentation :
- par *business unit* (BU) / branche d'activité :
  - possède son propre bilan et compte de résultat (actif identifiable et passif identifiable),
  - le CA par unité d'affaires (BU) au moins égal à 10 % du CA consolidé, ou 10 % du résultat opérationnel, ou 10 % de l'actif identifiable,

- le CMPC (coût moyen pondéré du capital) est différent par unité d'affaires,
- existence du critère de l'indépendance par BU (l'arrêt d'une BU ne doit affecter ni les processus ni les performances financières des autres BU),
- possibilité de prix de transfert inter-BU, s'ils sont marginaux et ne remettent pas en cause le principe de l'autonomie stratégique ;
• par zone géographique/monétaire :
- avec existence d'une segmentation en fonction du niveau du risque politique ou par technique de contrôle du risque de change.

WACC différent pour chaque zone géographique et corrélé à l'évaluation du risque politique.

L'IASB (International Accounting Standard Board) a introduit une vision très tournée vers l'intégration d'une approche risk management en proposant une telle logique de segmentation stratégique. En effet, en proposant le critère de l'autonomie stratégique, l'IASB valide la maxime « diviser pour mieux régner » en créant des « compartiments étanches » au sein des groupes, ayant une autonomie stratégique propre et dont l'arrêt d'activité ne doit affecter ni les processus ni les performances financières des autres unités d'affaires du groupe.

De même, lorsque l'IASB demande explicitement de majorer le CMPC d'un facteur de risque politique, et d'isoler en communication financière les zones géographiques à risque politique majeur, il reconnaît explicitement le droit de regard que doivent avoir les actionnaires sur les choix stratégiques du conseil d'administration, et l'impact de ces choix sur leur rémunération. Ces choix sont acceptables si bien évidemment le *top management* a la capacité de démontrer en communication financière la capacité du groupe à mettre effectivement sous contrôle le risque politique (guerre civile, militaire, expropriation, nationalisation, etc.).

… à la construction de carte de performance par BU et zone géographique

La démarche du *balanced scorecard* a pour objectif que le comité exécutif se donne les moyens de ses ambitions, lorsqu'il élabore le plan stratégique de chacun de ses métiers.

L'objectif de cette méthodologie est de s'assurer qu'il existe des processus récurrents et des projets dédiés permettant de s'assurer avec certitude de l'atteinte des objectifs décrits dans le plan. Bien entendu, la démarche du corporate risk management aura pour objectif, pour chaque *business model* construit via la méthodologie du *balanced scorecard,* de jouer le rôle de « l'avocat du diable » en se posant la question suivante : « Que se passerait-il si… ? » (de façon imagée : que se passerait-il si je mettais le doigt dans l'engrenage ? Quelle est la résistance du *business model* face à une situation de crise majeure ? Le groupe existera-t-il encore suite à cette situation de crise ?).

Les démarches de planification stratégique classiques ne sont pas habituées à développer de tels raisonnements. Dans l'approche classique de planification (diagnostic interne et externe, forces et faiblesses, contraintes et opportunités, préconisations stratégiques), il est sous-entendu que, forcément, les objectifs stratégiques décrits dans le plan seront forcément atteints !

La démarche du corporate risk management vient donc bouleverser ce schéma méthodologique en forçant les planificateurs à se poser les bonnes questions, et à identifier les risques significatifs pouvant empêcher l'atteinte des objectifs officiels décrits dans le plan à moyen terme.

La construction d'une carte de performance par BU intégrant la dimension corporate risk management

L'approche méthodologique du *balanced scorecard* se concentre sur la mise sous contrôle des risques stratégiques du type spéculatifs.

De notre point de vue, la construction d'un véritable modèle stratégique se doit d'intégrer la démarche risk management à la source en identifiant, dès la phase projet, les zones de rupture du *business model*.

Ainsi, à titre illustratif, il s'avère indispensable :

• d'identifier les processus critiques qui, en cas de dysfonctionnements, pourraient remettre en cause la pérennité du groupe (simulation des plans de retrait des produits pour un groupe pharmaceutique ou agroalimentaire, dysfonctionnement total de l'exploitation informatique pour un groupe bancaire, etc.) ;

• de prévoir les indicateurs de préalerte pouvant faire penser que le groupe passe d'une situation normale à une zone de risque potentiel (nombre de réclamations clients anormalement élevé pouvant faire penser à l'existence d'un dysfonctionnement du processus de contrôle qualité) ;

• de s'assurer de l'existence des outils indispensables à la protection financière, à la protection de l'image de marque et des parts de marché, et, en cas d'inexistence, à les embarquer dans la construction de la carte de performance.

L'objectif est donc de passer d'une approche classique du *balanced scorecard* à une approche élargie de la démarche (*executive scorecards*) s'assurant que tant les risques purs que spéculatifs sont effectivement mis sous contrôle et que le dispositif de création de valeur mis en œuvre par le groupe ne pourra en aucun cas être affecté.

La sécurisation de l'élaboration des *business plans* et de la révision des *business plans*

L'IASB a construit dans le cadre conceptuel IFRS un schéma d'organisation stratégique des entreprises très structuré.

Au même titre qu'il s'est prononcé sur les critères de segmentation et de reporting stratégique, l'IASB a construit un dispositif d'élaboration des *business plans* et de révision de ces derniers au niveau des unités génératrices de trésorerie (UGT).

Ces dernières représentent un sous-ensemble d'actifs (outil de production et BFRE associé) dont la finalité est de générer des cash-flows positifs ; chaque UGT étant forcément rattachée à une unité d'affaires.

Les immobilisations peuvent être activées (c'est-à-dire figurer à l'actif du bilan en tant qu'immobilisation) si le *business analyst* est capable de démontrer la rentabilité prévisionnelle de chaque UGT.

Pour répondre à ces critères d'activation, le *business analyst* doit élaborer un *business plan* sur la durée d'usage, c'est-à-dire sur la durée d'utilisation prévue de ce sous-ensemble d'actifs.

La projection de ce *business plan* sur le futur présuppose donc d'établir un principe de prudence et de sincérité dans l'élaboration de ce dernier, qui de surcroît est soumise à l'approbation des commissaires aux comptes.

L'élaboration sincère d'un *business plan* se doit d'intégrer à la base :

- la dimension business risk management (par l'intégration de l'application de taux de croissance décroissants dans l'estimation du CA, qui, de surcroît, doit obligatoirement être fondée sur une étude de marché). L'objectif, dans ce cas de figure, est de s'assurer du principe de prudence dans l'élaboration des cash-flows prévisionnels sur toute la durée d'usage du *business plan*. En effet, l'unité génératrice de trésorerie est une composante clé du dispositif budgétaire, puisque les prévisions de cash-flows synthétisés dans l'état de variation des flux de trésorerie ne sont que la consolidation des prévisions réalisées à ce niveau. La qualité des prévisions de flux de trésorerie prévisionnels conditionne la politique de dividendes prévisionnelle, et ce, de façon très sensible si l'entreprise verse des acomptes sur dividendes. Le processus de sécurisation des cash-flows prévisionnels au niveau UGT est donc un élément clé de la stratégie de business risk management, puisque, en cas d'erreur affectant ce processus, les conséquences financières peuvent être majeures pour le groupe (versement d'acomptes sur dividendes générant des insuffisances de trésorerie) ;

- la dimension corporate risk management (par l'intégration de la notion de composantes et par l'analyse de l'impact de chaque composante sur les cash-flows prévisionnels). Ainsi, la composante investissement de sécurité ou pièces de rechange aura pour objectif de sécuriser les cash-flows.

L'approche conceptuelle développée par l'IASB est très intéressante puisqu'elle impose de s'interroger sur les liens existant entre les composantes constitutives de l'outil de production, les processus métiers et les flux de trésorerie générés par les activités.

Ainsi, la mise sous contrôle en termes de sécurité des composantes constitutives de l'UGT intégrant des biens sous contrôle (en propriété, crédit-bail, en location, confiés, en concession ou affermage) permet de s'assurer de la protection des cash-flows prévisionnels à la base de la création de valeur pour le *stakeholder* (preneur de risques).

Par voie de conséquence, la construction d'un dispositif de corporate risk management efficace doit se concentrer sur cette typologie de centre de risque à la fois en termes de contrôle technique, mais aussi en termes de gestion de crise.

De fait, les plans d'urgence ainsi que les plans de continuité d'activité, ou les plans de retrait des produits, se doivent d'être conçus au niveau de chaque UGT, puisque, par définition, une UGT regroupe tant des immobilisations sous contrôle que des immobilisations incorporelles (marques commerciales achetées ou activation des frais de développement sous forme d'une marque).

Exemple de *business blan* par unité génératrice de trésorerie

	phase R&D			phase cycle de vie						
BU récoltes										
UGT SBU herbicides										
Business plan par UGT										
UGT herbicides										
BU récoltes	1	2	3	4	5	6	7	8	9	10
UGT										
Activitation des frais d'études				13 300						
Marque commerciale										
Immobilisations corporelles par composantes *machine-outil*										
				30 000						
Pièces de rechange				4 000			5 000			
Investissements de sécurité				5 000						
BFRE				4 500	4 600	4 700	4 800	4 900	5 000	5 500
Somme des actifs				56 800	4 600	4 700	9 800	4 900	5 000	5 500
Identifiables de l'UGT										

Business plan par UGT										
UGT herbicides										
BU récolte	**phase R&D**			**phase cycle de vie**						
	1	2	3	4	5	6	7	8	9	10
<u>Cash-flows bruts</u>	-2 300	-4 000	-7 000	15 200	18 131	25 105	28 814	32 622	39 102	43 128
Cash-flow brut cumulé	**-2 300**	**-6 300**	**-13 300**	**1 900**	**20 031**	**45 136**	**7 350**	**106 571**	**145 673**	**188 801**
Cash *outflows*	2 300	4 000	7 000	7 300	7 519	7 745	7 977	8 216	8 463	8 717
Frais d'étude	2 300	4 000	7 000							
Activation au jalon										
Charges d'exploitation décaissables	0	0	0	7 300	7 519	7 745	7 977	8 216	8 463	8 717
Frais de supervision de la production				1 300	1 339	1 379	1 421	1 463	1 507	1 552
Mod				2 300	2 369	2 440	2 513	2 589	2 666	2 746
Achats directs				2 400	2 472	2 546	2 623	2 701	2 782	2 866
Promotion directe				1 300	1 339	1 379	1 421	1 463	1 507	1 552
Cash inflows	0	0	0	22 500	25 650	32 849	36 791	40 838	47 564	51 845
CA				22 500	25 650	32 849	36 791	40 838	47 564	51 845
Taille du secteur				5 000	5 700	6 441	7 214	8 007	8 808	9 601
Part de marché				0,3	0,3	0,3	0,3	0,3	0,3	0,3
Prix unitaire HT en K€				15	15	17	17	17	18	18
Taux de croissance décroissant				0,15	0,14	0,13	0,12	0,11	0,1	0,09
WACC				0,08	0,08	0,08	0,08	0,08	0,08	0,08

Business plan par UGT										
UGT SBU herbicides										
BU crop protection	**phase R&D**			**phase cycle de vie**						
	1	2	3	4	5	6	7	8	9	10
VAN de l'UGT										
Coef d'actualisation	**0,9259**	**0,8573**	**0,7938**	**0,735**	**0,6806**	**0,6302**	**0,5835**	**0,5403**	**0,5002**	**0,4632**
Somme actualisée des cash-flows	-2 130	-3 429	-5 557	11 172	12 340	15 820	16 813	17 625	19 561	19 977
Somme actualisée de l'actif identifiable	0	0	0	41 750	3 130,7	2 961,8	5 718,2	2 647,3	2 501,2	2 547,6

Mettre en œuvre le dispositif risk management et communiquer sur son efficacité

Dans le cadre d'une étude d'opportunité ou de conformité, la mise en œuvre d'un dispositif de risk management se doit de répondre à un certain nombre de questions :

- Pourquoi mettre en œuvre un dispositif de risk management (raisons officielles et officieuses) ?
- Comment construire un dispositif efficace ?
- Comment communiquer sur l'efficacité du dispositif de management des risques (médias, cibles, contenu) ?

Les raisons de la construction d'un dispositif de risk management efficace

S'adapter aux évolutions de la gouvernance d'entreprise et aux exigences du marché

En résumé, il existe au moins deux façons d'aborder la mise en œuvre d'un dispositif de risk management.

La première est de nature défensive et consiste à mettre en œuvre un dispositif permettant de faire face aux obligations fixées par la loi ou par les pratiques usuelles du métier. La stricte référence aux règles juridiques aboutit ainsi à construire un dispositif de risk management et à le faire respecter autant que possible en interne, voire par les sous-traitants et autres fournisseurs, et d'une façon générale par les parties prenantes.

Encore faut-il préciser qu'il existe rarement une consolidation générale de l'ensemble du corpus réglementaire qui s'impose à un groupe industriel : réglementation financière et fiscale, réglementation du travail et de la sécurité, réglementation environnementale, réglementation sanitaire, réglementation produits et services, etc.

La seconde approche est plus dynamique : elle part du principe que le risk management n'est jamais qu'un des moyens de la politique de maîtrise des risques divers et variés qui s'imposent à l'entreprise.

Cette différence d'approche traduit d'une certaine manière le choix entre *compliance* (« conformité légale ») et volonté de mise sous contrôle effective de risques significatifs. Le risk manager se trouve être à la fois le gardien du temple en charge de l'application de règles contraignantes et le *business partner* de la direction générale porteur des projets de développement de l'entreprise.

Une telle dichotomie avait d'ailleurs été relevée par le sénateur Marini dans son rapport du 27 juillet 2004 sur la première année d'application de la loi de sécurité financière (LSF) de 2003. Elle se retrouve adoptée par les entreprises à l'égard du choix pris en matière de communication externe sur les risques : le rapport du président sur le dispositif de contrôle interne prévu par la LSF. Au bout d'une année d'application, le sénateur écrivit le commentaire suivant (qui se suffit à lui-même) :

« Il n'est pas acceptable, à cet égard, que près des deux tiers des rapports examinés par le cabinet Deloitte ne contiennent aucun détail concernant les risques encourus par la société. Il est également inquiétant que seulement un peu plus d'un tiers des entreprises étudiées indiquent comment les risques sont gérés d'un point de vue organisationnel. »

À cette carence s'ajoutait une divergence de vues entre les pouvoirs publics et l'AMF sur l'orientation du rapport du président sur le contrôle interne : évaluatif ou descriptif ? Là aussi, le distinguo en dit long sur l'accueil réservé au nouveau texte…

« Il ne s'agit naturellement pas de demander à l'entreprise de procéder à une autocritique qui pourrait avoir des effets destructeurs. Il s'agit d'encourager l'adoption d'une perspective dynamique orientée vers le progrès, plutôt que figée sur l'existant. »

Aujourd'hui, il faut constater les progrès accomplis, à force de pédagogie et peut-être d'une moindre crainte sur l'étendue de la responsabilité pénale et civile des dirigeants face au dispositif de risk management. Mais sont-ils suffisants pour faire du risk management un moyen et non une fin ? Il y a donc un débat à nourrir et une question cruciale à trancher.

S'adapter aux exigences du marché

Le risk management et surtout la communication qui va être faite sur son efficacité sont des éléments de différenciation stratégique.

En effet, une communication financière sécurisante sur la mise sous contrôle effective des risques significatifs et des processus critiques du groupe industriel ainsi que sur le management durable de l'environnement s'avère un élément de sécurisation de l'ensemble des parties prenantes (actionnaires, investisseurs, etc.), mais aussi des autorités de tutelle (AMF, commission bancaire, etc.), des agences de notation et des analystes financiers.

Elle peut induire des évolutions de parts de marché, d'impact sur l'image en fonction de la maîtrise effective du dispositif de management des risques.

Sécuriser les objectifs stratégiques par un dispositif de risk management efficace

L'un des objectifs majeurs du risk management est de s'assurer de l'existence d'un alignement entre processus de l'entreprise, risques et objectifs stratégiques pouvant être formalisé via une carte de performance associant la dimension management des risques.

L'objectif de cette dernière est de s'assurer de l'existence de processus ou de projets spécifiquement dédiés à l'atteinte des objectifs, dont les objectifs financiers.

Cette approche vise à garantir la protection du *business model* via le dispositif de management des risques.

Comment mettre en œuvre un dispositif de risk management efficace

L'évolution dans la mise en œuvre d'un dispositif de risk management va fortement évoluer en passant d'une obligation de moyens à une obligation de résultats.

Il ne s'agit plus simplement de décrire l'existence d'un dispositif de risk management mais d'être capable d'en évaluer l'efficacité.

Organiser le processus de risk management et positionner les processus de pilotage au centre du dispositif

Cela sous-entend de hiérarchiser les différents risques de l'entreprise par processus majeur et par ordre de criticité décroissante (probabilité d'occurrence × impact financier pour l'entreprise), évaluation que l'on peut présenter plus commodément sur une échelle type Richter (de 1 à 5, ou de 1 à 10).

Il convient également de vérifier qu'aux risques auxquels est exposé le groupe industriel correspondent bien des objectifs du management, en clair que chaque risque remonte bien à un responsable qui se l'approprie en direct (notion de *risk owner*). Il ne sert, en effet, à rien de mentionner dans la liste des risques que l'entreprise est décidée à couvrir des « risques orphelins », *i. e.* correspondant à des objectifs non distribués à une fonction donnée (situation que l'on retrouve trop souvent dans des groupes industriels à forte dominante multiculturelle).

Préalables

S'assurer de la cohérence entre les risques listés par ordre de criticité lors de la cartographie des risques et l'organisation de l'entreprise. Il faut souligner que la façon d'aborder le sujet, si la société étudiée est une société « indépendante » à la différence d'une PME « intégrée » à un ensemble plus large, sera fondamentalement distincte, l'organisation matricielle des grands groupes et la juxtaposition des cultures brouillant trop souvent l'organisation du processus, selon la vision que le groupe industriel a du risk management.

S'assurer ensuite que l'ensemble du personnel, à tous les niveaux de responsabilité, a bien perçu l'importance du sujet, a bien compris que le risk management (comme la sécurité) est l'affaire de tous (et le personnel a donc été briefé en conséquence), et pas seulement une mode passagère du comité de direction, et a bien intégré dans la durée les principes de base qui soutiendront ultérieurement l'efficience du système de risk management, à savoir :

• l'intégration de la dimension *risk assessment* dans toute décision prise en interne ;

• la primauté de la fonction sur le grade, principe dont le respect sous-tend toute action de spécialiste digne de ce nom au sein du dispositif de risk management ;

• l'existence (et la pratique) des règles de gestion *minimum minimorum*. Il est toujours surprenant de constater que nombre de procédures « de base » peuvent être inexistantes, même dans des filiales de grands groupes…

Mise en œuvre

Au niveau opérationnel (technique, commercial, etc.) et autres niveaux fonctionnels, mise en œuvre des tests spécifiques à chaque fonction, et selon les risques majeurs identifiés par ordre de criticité décroissante.

Exemples

- Fiabilité du matériel de production pour la direction Fabrication (programme de maintenance assistée par ordinateur…).

- Simulations sur la capacité du système informatique à gérer l'accroissement rapide du nombre de clients et de leur répartition géographique.

Le risk manager (s'il existe) se doit d'être l'animateur et le garant de la mise en œuvre d'un processus sous contrôle et complet, cohérent avec la vision globale qu'il aura contribué à impulser précédemment. Exemple : chez un opérateur téléphonique, vérifier que la composante « climat social » dans un centre d'appels (point de passage critique pour l'efficience globale du système) est bien prise en compte par des entretiens croisés et indépendants (hiérarchie, DRH, salariés).

La direction de l'audit interne se doit d'organiser ses contrôles propres de manière à la fois choisie (là où les risques sont les plus forts), aléatoire (pour garder un minimum de caractère dissuasif au système de contrôle), universelle (par exemple : de petites filiales en dessous du seuil de matérialité peuvent se révéler de véritables bombes à retardement lors des premières questions de l'audit interne), et suivie (*i. e.* revoir systématiquement la même unité tant que les résultats des audits réalisés ne seront pas satisfaisants).

Liaison formelle entre les opérationnels et le risk management

- La mise en œuvre du dispositif de risk management ne pouvant s'exercer systématiquement et exhaustivement partout (question de moyens), il est normalement demandé aux opérationnels de renseigner sur une base annuelle ou trimestrielle un questionnaire type, adressé (sans passer par la voie hiérarchique) à la direction du risk management, pour que cette dernière ait une connaissance non biaisée de la vision des risques, telle que la ressentent les opérationnels.

- Dans un tel processus de remontée d'information, il est important que les risques signalés par les opérationnels soient resitués par le destinataire (souvent d'une nationalité et d'une culture différentes de l'émetteur) dans le cadre des contraintes réglementaires du pays émetteur.

Définir les frontières fonctionnelles entre direction financière, audit interne, qualité et risk management

La direction financière : elle est au cœur de la gestion des risques. En effet, elle :

- est la gardienne de la qualité du flux d'information financière et de son intégrité ;

- se porte garante, dans la limite des informations dont elle dispose, de l'exhaustivité des informations publiées (et de celles qui ne le sont pas) ;

- actualise, compte tenu de l'évolution de la société (technologie, rapport avec les tiers, organisation), le manuel des procédures de gestion et s'assure que chacun a bien compris son rôle au sein du comité de direction.

La direction financière doit être l'un des pivots de la démarche de responsabilisation sur les risques.

Elle doit d'abord établir une analyse précise et fine de la volatilité des actifs, de leur exposition aux risques et définir une cartographie permettant de distinguer les actifs à haute volatilité, notamment de nature immatérielle, et les risques critiques pouvant mettre en cause la pérennité de l'entreprise. La difficulté tient en partie aux normes IFRS qui n'autorisent pas une représentation comptable de certains actifs non soumis à des transactions, donc non activés au bilan (voir IAS 38).

Ce travail doit porter sur les projets d'investissement stratégiques et plus globalement sur toutes les activités concourant à ces projets. La démarche est loin d'être simple dans un cadre fermé d'organisation. Elle l'est donc davantage lorsque ces projets intègrent des partenaires et des sous-traitants, pour lesquels le même raisonnement devrait s'appliquer.

En fonction de cette analyse, la direction financière doit structurer le passif de l'entreprise au regard de l'exposition générale aux risques et à la volatilité des actifs, puis mettre en place les financements adéquats et les politiques de couverture, y compris le transfert aux tiers (assurance, titrisation, captive, etc.).

Cette structuration doit également prendre en considération l'exigence de rendement des actionnaires. Cela permet d'éviter un hiatus qui peut déstabiliser la direction générale de l'entreprise. En d'autres termes, l'examen des risques globaux doit être mené au sein du conseil d'administration, afin que les arbitrages soient rendus en toute connaissance de cause, dans l'équilibre entre choix de rendement et risques acceptés. Trop souvent, comme beaucoup d'affaires et de scandales l'ont montré, les actionnaires n'ont pas été suffisamment informés des risques sous-jacents liés à des projets ou à des opérations. Ce n'est pas uniquement une problématique de pilotage qui est posé, mais de niveau de risques financiers associés à des décisions.

Pour privilégier des rendements à court terme, des impasses, dont les actionnaires n'ont pas été toujours conscients, ont parfois été prises. Cela s'est traduit par des incidents, des retards, des défaillances techniques ou organisationnelles qui ont abouti à une destruction de valeur et à une dévalorisation des actifs, notamment immatériels : sous-équipement en matière de puissance des systèmes d'information conjugué à un back-up non dimensionné aboutissant à une rupture du service ; dissimulation de risques secondaires dans le cadre d'étude clinique ; externalisation en vue de réduire les coûts sans mise en œuvre des dispositifs de contrôle qualité, etc. La liste des faits de destruction de valeur est longue. Ce sont souvent les salariés (restructuration), les clients (rupture d'approvisionnement) et les fournisseurs (pertes de CA) qui font les frais de ces dysfonctionnements.

Mais les préjudices les plus importants sont portés aux actionnaires. D'où la nécessité d'une grande transparence en matière de politique de maîtrise des risques et de contrôle associé. C'est donc un élément central du gouvernement d'entreprise, qui peut aboutir à la création d'une commission spécialisée management des risques et contrôle interne, distincte de celle orientée sur l'audit et le contrôle comptable.

La direction de l'audit interne :

- s'assure que la politique de couverture de risques proposée par le risk manager (ou le comité d'évaluation des risques, s'il en existe un), et approuvée par le conseil d'administration (CA), applicable par ordre de priorité, est bien mise en œuvre telle que le CA l'a décidée ;
- procède ou fait procéder à tout type de contrôle qu'elle jugerait utile ;
- rend compte au comité d'audit (ou au DG, en l'absence de comité d'audit) du résultat des audits diligentés par les directions opérationnelles et par la direction de l'audit interne elle-même ;
- vérifie que les opérationnels, directement en première ligne pour les risques qu'ils encourent en raison de leur qualité de dirigeant de droit ou de fait, ne sont pas ignorés (dans leurs avertissements) en raison d'une appréciation par trop lointaine du comité de direction (par exemple : risques fiscaux, risques environnementaux) et signale au CA toute déviation à ce sujet ;
- s'assure qu'une collusion impliquant plusieurs membres de la direction d'une filiale ou d'un *business group* n'obère pas la capacité des opérationnels à agir avec tout le professionnalisme nécessaire.

La direction qualité :

- élabore, en relation avec les deux directions précitées, les procédures, documents et calendriers nécessaires à l'obtention/renouvellement des certifications appartenant à la famille des ISO 9 000 que la société cherche à obtenir et/ou à conserver ;
- veille à la bonne formation des utilisateurs, surtout dans des cas de forte attrition.

Vendre le projet risk management

Cette opération est d'autant plus importante que la société, ou le groupe concerné, a les caractéristiques suivantes pendant la période pré-risk management :

- société familiale ;
- tradition orale (peu de procédures écrites appliquées) ;
- patron d'origine et de culture exclusivement commerciales ;
- peu d'exposition préalable à l'international ;
- niveau d'exposition aux risques ;
- existence de scénarii de crises antérieures ;
- âge moyen élevé ;
- turnover peu important.

A contrario, pour que le projet soit bien vendu, il importera :

- que le comité de direction tout entier montre, par son exemple quotidien (séparation des tâches, primauté de la fonction sur le grade, etc.), que les directeurs eux-mêmes ont « acheté » le système, pour le plus grand bien de la société (rigueur, exemplarité, respect des règles de sécurité, etc.) ;

- que les responsables du projet montrent bien à la population concernée que la mise en œuvre du dispositif est engagée pour les protéger dans leur travail (limites de signatures et autonomie réelle précisées, etc.) ;
- de bien expliquer aux partenaires sociaux que la qualité et la rigueur d'un dispositif de risk management ne constituent pas un « plus » de travail demandé aux salariés, mais qu'ils correspondent à un standard international qui, s'il n'était pas appliqué par l'entreprise, la mettrait rapidement hors course.

En synthèse, le dispositif de risk management ne doit plus être positionné comme un processus générateur de contraintes, mais comme un agent de transformation culturelle au niveau transversal, afin de mettre du liant social entre tous les acteurs autour d'un même objectif : valorisation et protection de la surface financière de l'entreprise, des actifs et des hommes. Cela permet de faire comprendre au niveau du terrain les contingences financières, et non de les subir. C'est aussi la seule façon de gérer au mieux la complexité des processus et des situations. Respecter une règle de droit sans comprendre comment elle vous implique, vous et le reste du corps social, donc l'entreprise et son devenir, est voué à l'échec, ou du moins à la baisse de la vigilance et donc de la responsabilisation. Appliquer strictement des procédures ne prémunit pas contre les risques incertains et cumulatifs du fait de leur interaction. *A contrario*, le recours à la capacité d'analyse et de choix, dans un cadre collectif, permet de réduire certains risques, car cela instaure une éthique de responsabilité.

Cette orientation permet aussi d'attribuer aux directions fonctionnelles un champ nouveau d'intervention. Les DRH sont plus ou moins en charge de risques sociaux, mais dans la réalité, beaucoup d'entre eux leur échappent du fait de la décentralisation opérationnelle. Il en est de même pour les responsables juridiques, etc. En travaillant plus sur l'accompagnement pédagogique des dispositifs de risk management, ces directions fonctionnelles peuvent favoriser les comportements de responsabilité et assumer une part de pilotage des risques.

Mesurer l'efficacité du risk management et arbitrer en termes de décision d'allocation des fonds propres

Le risk management doit être positionné comme étant l'outil majeur de la politique de maîtrise des risques qui s'imposent à l'entreprise. À cette vision correspond le souci de définir la bonne structure financière et le dimensionnement des fonds propres pour faire face aux situations pouvant mettre en cause la survie et la pérennité de l'entreprise. S'y ajoute aussi le concept de « destruction de valeur » et de réduction du niveau de volatilité du cash-flow, qui aboutit à un pilotage par le *cash flow at risk*.

La logique financière comporte une dimension dynamique qui peut se résumer à la consigne suivante : protéger les fonds propres des actionnaires. Non seulement cette recommandation est cohérente avec l'esprit des normes IFRS, mais elle fait de chaque acteur de l'entreprise, à son niveau, un élément moteur de maîtrise des risques. Chacun devient dépositaire d'une partie des fonds propres et doit analyser la part des actifs sur lesquels il intervient, afin d'en assurer non seulement la valorisation (liée à la génération de cash-flow), mais aussi la protection (notion de *risk owner*).

Dans l'atelier, l'ouvrier devient responsable de sa machine et des flux futurs de recettes qu'elle permet.

Cette responsabilité s'additionne à l'équipe de l'atelier, etc. Elle participe d'une gestion transversale qui tranche avec la vision en silo où chacun ne regarde que son propre horizon. Au niveau des managers, cette responsabilité repose sur l'optimisation du ROCE (*return on capital employed*) et sur la prévention des risques divers consécutifs à l'utilisation de l'outil de travail et donc aux processus critiques qui lui sont liés.

Quel est l'avantage d'une telle démarche ? Aucun corpus de procédures ne peut prévoir l'inévitable ou l'inimaginable. Mais l'esprit bien formé, sensibilisé, motivé peut anticiper, réagir et gérer la situation, donc prévenir le risque potentiel. Une méthodologie de risk management n'est qu'un support pratique et *a minima* des consignes de sécurité à observer. L'allocation individualisée d'une part de fonds propres et donc de responsabilité d'un élément d'actif est la meilleure assurance.

Communiquer sur l'efficacité du dispositif de risk management

La communication interne sur l'efficacité du dispositif de risk management passe par une définition des outils de communication écrits et oraux à formaliser :

- contenu des auditions des experts techniques et financiers internes par le comité des risques et le conseil d'administration ;
- modalités d'exercice de clause de confiance du directeur financier et de l'exercice de son droit de réserve ;
- modalités de rédaction et structuration du rapport risk management.

Outre la question de la mesure de l'efficacité du dispositif de risk management se pose également celle des moyens dévolus à ce dernier. En d'autres termes, si les actionnaires limitent ces moyens, ils acceptent implicitement une prise de risque supplémentaire qui devrait être officiellement actée dans le cadre du conseil d'administration. Il est difficile de vouloir tout et son contraire. D'où l'intérêt de la démarche indiquée *ex ante* concernant les choix de politique financière, au regard de l'arbitrage nécessaire des actionnaires concernant la structure du passif *versus* la volatilité des actifs et le rendement qui en découle.

À noter qu'un organisme de notation, tel que Standard & Poor's, renforce son analyse en termes d'évaluation des risques des groupes cotés. Des questionnaires sont actuellement envoyés par S&P dans les groupes pour évaluer leur dispositif de risk management. Les principaux critères analysés sont les suivants :

- adoption d'un référentiel de risk management spécifique à l'entreprise ;
- définition des acteurs impliqués dans le dispositif de management des risques ;
- communication interne et externe sur le dispositif de risk management ;
- politiques de procédures de risk management et gestion de crise ;
- influence du dispositif de risk management sur la politique de financement ;
- influence du dispositif de management stratégique sur la décision stratégique.

TROISIÈME PARTIE

La banque ou la compagnie d'assurances hors risque

L'objectif de cette troisième partie est de présenter :

- les contraintes réglementaires spécifiques auxquelles sont soumises les banques et les compagnies d'assurances ;
- les spécificités des dispositifs de risk management des banques et compagnies d'assurances (intégrant les outils de base ainsi que les outils de gestion de crise).

Chapitre 1

Les contraintes réglementaires

Les contraintes réglementaires spécifiques à Bâle II

En 1988, le comité de Bâle, composé des gouverneurs des banques centrales de treize pays de l'OCDE, publie les premiers accords de Bâle, ensemble de recommandations dont le pivot est la mise en place d'un ratio minimal de fonds propres par rapport à l'ensemble des crédits accordés, le ratio Cooke.

Ainsi sont définies les notions de :

• fonds propres réglementaires ;

• et l'ensemble des engagements de crédit.

Ces deux notions étant rigoureusement précisées par rapport à un système comptable (comptes concernés, pondérations éventuelles).

Le rapport des deux valeurs ne doit alors pas être inférieur à 8 % dans les propositions des accords de Bâle.

Il est à noter qu'il ne s'agit que de recommandations, charge à chaque État membre (et à tout autre État intéressé) de les transposer dans son droit propre.

Ainsi, en France, est appliqué depuis le 1er janvier 1993 le ratio de solvabilité européen (directive 89/647/CEE du 18 décembre 1989), traduit dans le droit français par le règlement 91-05 du Comité de la réglementation bancaire et financière et l'instruction 91-02 de la Commission bancaire.

Les accords de Bâle sont actuellement appliqués dans plus d'une centaine de pays.

La grande limite du ratio Cooke, et donc des réglementations issues des premiers accords de Bâle, est liée à la définition des engagements de crédit. La principale variable prise en compte était le montant du crédit distribué. À la lumière de la théorie financière moderne, il apparaît qu'est négligée la dimension essentielle de la qualité de l'emprunteur, et donc du risque de crédit qu'il représente réellement.

Le comité de Bâle va donc proposer en 2004 un nouvel ensemble de recommandations, au terme duquel sera définie une mesure plus pertinente du risque de crédit, avec en particulier la prise en compte de la qualité de l'emprunteur, y compris par l'intermédiaire d'un système de notation interne propre à chaque établissement (dénommé IRB, *internal rating based*). Le nouveau ratio de solvabilité est le ratio McDonough.

Les trois piliers de Bâle II

Les recommandations de Bâle II s'appuient sur trois piliers (terme employé explicitement dans le texte des accords) :

• l'exigence de fonds propres (ratio de solvabilité McDonough) ;

• la procédure de surveillance de la gestion des fonds propres ;

• la discipline du marché (transparence dans la communication des établissements).

Pilier 1 : l'exigence de fonds propres

Comme indiqué ci-dessus, c'est le chapitre qui nous intéresse le plus ; il affine l'accord de 1988 et cherche à rendre les fonds propres cohérents avec les risques réellement encourus par les établissements financiers. Parmi les nouveautés, signalons la prise en compte des risques opérationnels (fraude et pannes de système) et des risques de marché, en complément du risque de crédit ou de contrepartie.

Nous passons ainsi d'un ratio Cooke où :

Fonds propres de la banque > 8 % des risques de crédit

À un ratio McDonough où :

Fonds propres de la banque > 8 % des (risques de crédit (75 %) + de marché (5 %) + opérationnels (20 %))

De plus le calcul des risques de crédit se précise par une pondération plus fine des encours avec une prise en compte :

- du risque de défaut de la contrepartie (le client emprunteur) ;
- du risque sur la ligne de crédit (type de crédit, durée, garantie) ;
- de l'encours.

Ces risques s'expriment par des probabilités :

- PD : probabilité de défaut de la contrepartie ;
- LGD : taux de perte en cas de défaut sur la ligne de crédit, qui s'applique sur l'encours à un an du client, l'EAD (exposition au moment du défaut).

Pour le risque de crédit, les banques peuvent employer différents mécanismes d'évaluation. La méthode dite « standard » consiste à utiliser des systèmes de notation fournis par des organismes externes.

Les méthodes plus sophistiquées (méthodes IRB pour *internal rating based*) avec la méthode dite « IRB-Fondation » et celle dite « IRB-Avancée » impliquent des méthodologies internes et propres à l'établissement financier d'évaluation de cotes ou de notes, afin de peser le risque relatif du crédit. Ainsi, en méthode standard, les PD et LGD sont imposés par le régulateur (commission bancaire en France) soit directement pour la LGD, soit en imposant un organisme de notation (cotation BDF, Standard and Poor's…). En méthode « IRB fondation », la banque estime sa PD, et le LGD reste imposé par le régulateur. En méthode « IRB avancée », la banque maîtrise toutes ses composantes.

Le choix de la méthode (plus ou moins complexe) permet à une banque d'identifier ses risques propres en fonction de sa gestion. Une banque qui voudrait être au plus près de sa réalité tendra vers le choix d'une méthode avancée. Mais en contrepartie, l'investissement est d'autant plus important. La détermination d'une LGD demande ainsi la gestion et l'historisation de plus de 150 données mensuelles sur un minimum de cinq ans sur chacun des crédits accordés.

Le calcul du risque de crédit est alors simple : RWA= f(PD ; LGD) × EAD où f respecte une loi normale.

Il se complète du calcul d'une perte attendue : $EL = PD \times LGD \times EAD$

$$\text{Dans le ratio} = \frac{\text{Fonds propres}}{\text{Risque de crédit} + \text{Risque opérationnel} + \text{Risque de marché}} > 8\,\%$$

Pilier 2 : la procédure de surveillance de la gestion des fonds propres

Comme les stratégies des banques peuvent varier quant à la composition de l'actif et la prise de risques, les banques centrales auront plus de liberté dans l'établissement de normes face aux banques, pouvant hausser les exigences de capital là où elles le jugeront nécessaire…

Cette nécessité s'appliquera de deux façons :

• validation des méthodes statistiques employées au pilier 1 (*back testing*) ;
• test de validité des fonds propres en cas de crise économique.

1) La banque devra prouver *a posteriori* la validité de ses méthodes définies *a priori* en fonction de ses données statistiques, et cela sur des périodes assez longues (5 à 7 ans). Elle devra en outre être capable de « tracer » l'origine de ses données.

2) La banque devra prouver que, sur ses segments de clientèle, ses fonds propres sont suffisants pour supporter une crise économique touchant l'un ou tous ces secteurs.

La commission bancaire pourra en fonction de ces résultats imposer la nécessité de fonds propres supplémentaires.

L'allocation des fonds propres dépend de la maîtrise des risques opérationnels. L'exigence en termes de fonds propres peut être basée sur trois méthodes.

Méthode de base (petits établissements bancaires)

$K = $ bêta $\times$ PNB moyen des 3 dernières années
$K = $ exigence *a minima* en termes de fonds propres
Bêta $= 15\,\%$

Approche standard

La logique d'allocation des fonds propres dépend de la maîtrise des risques opérationnels par métier bancaire :
$K = $ bêta i $\times$ PNB i
Les coefficients bêta se détaillant de la façon suivante :

• B1 financement entreprise : 18 % ;
• B2 négoce et vente : 18 % ;
• B3 banque de détail : 12 % ;
• B4 banque commerciale : 15 % ;
• B5 paiement et règlement 18 % ;
• B6 fonction d'agents : 15 % ;
• B7 gestion d'actifs : 12 % ;
• B8 courtage de détail : 12 %.

AMA (approche de mesure avancée)

Cette approche est subordonnée aux exigences suivantes :

* obligation d'existence de *key risks indicators* (KRI) ;

* analyse par scénarii ;

* existence d'une base incidents enregistrant la sinistralité interne à l'établissement bancaire.

Pilier 3 : la discipline de marché

Des règles de transparence sont établies quant à l'information mise à la disposition du public sur l'actif, les risques et leur gestion.

L'application de Bâle II est une puissante machine qui « formate » les données de gestion d'une banque.

Ses conséquences sont de trois ordres au niveau du pilier 3 :

* uniformisation des bonnes pratiques bancaires. Quelle que soit la banque et quelle que soit la réglementation qui la régit (droits nationaux), les pratiques doivent être transparentes et uniformisées ;

* les bases mises en place pour ce calcul sont une puissante source de données de gestion, qui (enfin) réconcilient les vues risques, comptables et financières ;

* transparence financière : les analystes trouveront enfin une lecture des portefeuilles de risque identique pour toute banque dans tout pays.

La définition des risques pris en compte dans le secteur bancaire en conformité avec Bâle II

Pour définir la politique que doit adopter un établissement en matière de contrôle interne, l'analyse des risques constitue un préalable.

La notion de risque de crédit est immédiatement associée au risque de contrepartie ; pour un dossier donné, il est en effet clair que le risque premier réside dans la volonté, mais aussi dans la capacité de l'emprunteur à faire face à ses engagements. Dessiner l'organisation du contrôle interne en ne considérant que ce seul aspect serait toutefois réducteur. Les risques que l'on pourrait qualifier d'additionnels ou de connexes au risque de contrepartie doivent également être maîtrisés et donc préalablement évalués. Au nombre de huit, ils prennent naissance lors de l'initiation des transactions et le plus souvent perdurent jusqu'à l'échéance finale.

On distingue alors :

* le risque de garantie : la banque peut devoir supporter une perte si elle ne peut exercer la garantie attachée à un prêt en défaut ou si le produit de cette action s'avère insuffisant pour couvrir les engagements accumulés par le débiteur. Les difficultés récentes rencontrées dans le domaine immobilier par de nombreux établissements lorsqu'ils ont envisagé de réaliser leurs gages sont une illustration de ce type de risque ;

* le risque de concentration : une diversification insuffisante du portefeuille de concours en termes de secteurs économiques, de régions géographiques ou de taille

d'emprunteur peut provoquer des pertes importantes ; les banques régionales y sont particulièrement exposées, de même que les établissements spécialisés ;

• le « risque pays » : bien connu des grands établissements, il se manifeste lorsqu'un pays étranger ne dispose plus de réserves suffisantes pour faire face aux engagements en monnaie étrangère de ses ressortissants ;

• le risque de change : il naît chaque fois que l'établissement accorde un crédit dans une monnaie qui n'est pas celle de l'expression de ses capitaux propres ; si les ressources utilisées pour financer cet emploi sont libellées dans la même devise, le risque ne porte que sur la marge de l'opération ; dans le cas contraire, le montant en principal est également exposé. Ce risque se manifeste également si la banque, après avoir acheté des devises et après avoir doté une provision en devises, est amenée à les revendre lors d'une reprise de provisions non utilisées ;

• le risque de fraudes : multiforme, il peut s'agir par exemple de concours consentis à de faux clients, donc bien évidemment irrécouvrables ;

• le risque d'initiés : il s'agit de concours accordés à des conditions hors marché, ou selon des procédures exceptionnelles à des dirigeants de la banque, à des entreprises dans lesquelles ils ont des intérêts ou à des sociétés liées à des actionnaires important de l'établissement ;

• le risque légal et réglementaire : l'activité de crédit est étroitement réglementée (comme symétriquement l'est le droit d'engager une personne morale en tant que contrepartie) et le non-respect de nombreuses dispositions peut conduire l'établissement à supporter des pertes soit directement, soit en raison de l'impossibilité de mettre en œuvre une garantie ;

• le risque opérationnel : cette notion recouvre toutes les erreurs de traitement, qui peuvent survenir au cours de la vie d'un dossier, telles que : déblocage des fonds, avant que toute la documentation requise n'ait été réunie, saisie erronée des conditions de crédit dans les systèmes de gestion, mauvaise identification des concours compromis…

L'analyse spécifique du risque de taux

Le risque de taux d'intérêt concerne à la fois les positions de taux prises en salles de marchés ainsi que l'exposition au risque de transformation, inhérent à l'activité bancaire par définition.

La maîtrise du risque de taux passe par l'existence d'une unité de contrôle des risques qui s'applique aux opérations de marché et a pour rôle de :

• concevoir et mettre en place un système de gestion des risques ;

• produire et analyser des rapports quotidiens ;

• réaliser des mesures *ex post* destinées à vérifier la qualité des mesures produites par le modèle interne que la banque souhaite faire connaître aux autorités de tutelle.

La spécificité des risques de marché

En matière de risques de marché, le CRB 97-02, bien que novateur à plus d'un titre, n'apporte pas de bouleversements fondamentaux par rapport au texte qui l'a précédé. Il pose :

- des principes généraux d'organisation et de fonctionnement de l'ensemble du dispositif de contrôle interne, ces principes étant applicables à l'ensemble de ces composantes ;
- des obligations très précises s'appliquant spécifiquement à chacune des unités qui assurent le pilotage d'une fraude fonction ou d'un grand risque.

Le nouveau règlement sur le contrôle interne introduit une exigence très forte de formalisme, cette exigence s'imposant à toutes les directions des établissements de crédit. Nulle part le contrôle interne n'est plus justifié que dans les salles de marchés (l'importance des volumes traités, la sophistication des techniques de transaction, le caractère souvent instantané des prises de décision, l'évolution quasi permanente des instruments et des stratégies…). Or, si la réglementation prévoit une parfaite intégration du contrôle interne dans l'organisation, les méthodes et les procédures de chaque activité, il semble que l'univers de la salle de marchés soit peu propice à une telle démarche en raison :

- du recours fréquent à des instruments télématiques ;
- de la nécessité de réagir rapidement en toutes circonstances.

Fonds propres économiques et RAROC[1]

La notion de fonds propres économiques est constituée des composantes suivantes :

- tier 1 : capital et réserves et report à nouveau ;
- tier 2 : fonds de garantie et réserves latentes, et titres et emprunts subordonnés ;
- tier 3 : bénéfices intermédiaires du portefeuille de négociation et emprunts subordonnés de plus de 2 ans.

Ces fonds propres économiques sont alloués par unité d'affaires bancaire en fonction d'un CMPC calculé par branche d'activité.

Ratios McDonough et allocation des fonds propres en fonction des risques

Bâle II vise à maximiser la solvabilité des établissements de crédit en protégeant les fonds propres.

Le ratio de solvabilité McDonough fixe des exigences importantes en termes de constitution des fonds propres : les fonds propres réglementaires doivent faire *a minima* 8 % (exigences pour risque de marché × 12,5 + exigences pour risque opérationnel × 12,5 + encours des risques de crédit pondéré.

---

1. RAROC : Risk Adjusted Return On Capital (rentabilité du capital ajustée au risque).

Modalités de renforcement des dispositifs de contrôle interne et de risk management bancaire suite aux scandales financiers et à la crise financière de 2008

Les récents scandales financiers (Caisse d'épargne, Société générale) et la crise financière, boursière et économique générée par la crise des subprimes imposent de renforcer les dispositifs de risk management et de contrôle interne dans les établissements bancaires tant au niveau de la gouvernance qu'au niveau du contrôle des activités.

Renforcement de la gouvernance bancaire

La méthodologie du COSO a prouvé via ses scandales financiers la faiblesse de la composante « environnement du contrôle ». À ce titre, le rapport Ricol réalisé pour le compte du président de la République française pointe du doigt les vulnérabilités de ces dispositifs au sein des banques européennes.

Renforcement du contrôle des activités (dont les activités de trading)

Rappelons tout d'abord les faits (retour d'expérience du scandale financier de la Société générale/affaire Kerviel), via les conclusions de la mission d'audit interne menée par la direction de l'audit interne et présentées au comité spécial au sein du conseil d'administration de la banque :

- l'auteur de la fraude est sorti du cadre de son activité normale d'arbitrage et a constitué des positions directionnelles réelles sur des marchés réglementés, en les masquant par des opérations fictives de sens contraire ;
- les différentes techniques utilisées ont constitué principalement en :
  - achats, ventes de titres ou warrants à date de départ décalé,
  - transactions ou futures avec une contrepartie en attente de désignation,
  - *forwards* avec une contrepartie interne au groupe.

L'inspection générale de la banque considère que les contrôles prévus par les fonctions de support ont dans l'ensemble été effectués et menés conformément aux procédures, mais n'ont pas permis d'identifier la fraude avant le 18 janvier 2008, alors que le trader avait commencé à prendre des positions à risque dès mars 2007.

Du point de vue de l'inspection générale, l'absence d'identification des fraudes peut s'expliquer par l'efficacité et par la diversité des techniques de fraude utilisées, et d'autre part par le fait que les contrôleurs n'approfondissent pas systématiquement leurs contrôles et enfin par l'inexistence de certains contrôles qui auraient pu identifier la fraude.

Par voie de conséquence, il s'avère indispensable de développer de nouvelles mesures visant à prévenir les risques de fraude concernant les activités de trading génératrices des récents scandales financiers, à savoir :

- le renforcement de la sécurité informatique par le développement de solutions d'identification fortes (biométrie), par l'accélération de projets structurels en matière de gestion et de sécurité des accès, ainsi que par la réalisation d'audits de sécurité ciblés ;

- le renforcement des contrôles, procédures d'alerte, empêchant les ruptures dans les chaînes de commandement et de reporting ;
- le renforcement de l'organisation et de la gouvernance du dispositif de prévention des risques opérationnels dans une optique de transversalité.

Les contraintes réglementaires spécifiques à Solvency II

À l'instar de Bâle pour les banques, l'Union européenne a établi un nouveau code réglementaire pour la gestion des risques des compagnies d'assurances. La version définitive de Solvency II (« Solvabilité II ») est prévue pour une application vers 2010.

Par rapport à la directive Solvency I actuellement en place, Solvency II a généralisé la mesure du risque opérationnel, introduit le Solvency Capital Requirement et entraînera un contrôle accru du régulateur.

Mise en œuvre de la phase 1 : les fondations de Solvency II

La première phase de Solvency II s'est déroulée de mai 2001 à l'automne 2003.

L'objectif consistait à développer un référentiel de haut niveau en termes d'exigence de solvabilité pour les compagnies d'assurances en identifiant les insuffisances du dispositif actuel et en investiguant de nouvelles techniques permettant de maîtriser le risque d'insolvabilité.

À ce titre, la commission européenne commanda deux études :

- le rapport Sharma présenté en décembre 2002 par le groupe de Londres et le groupe de travail *ad hoc* mis en œuvre par la conférence des autorités de tutelle européennes. Ce rapport arriva à la conclusion qu'un renforcement des fonds propres associé à un management de qualité était l'outil majeur préventif du risque d'insolvabilité des compagnies d'assurances ;
- une deuxième étude mettant en exergue la nécessité de construire un dispositif de contrôle beaucoup plus basé sur les risques.

Dans cette première étape émergea l'idée de construire un dispositif de contrôle de la solvabilité des compagnies d'assurances par le biais de trois piliers (raisonnement identique à Bâle II), combinant à la fois des outils de mesure quantitatifs et qualitatifs innovants, tels que :

- *matching* entre actif et passif ;
- identification et quantification des risques et minimisation du risque systématique ;
- estimation des flux de décaissement liés à la sinistralité ;
- convergence entre les modèles spécifiques d'évaluation des risques de compagnies et les modèles des autorités de tutelle.

Phase 2 : mise en œuvre opérationnelle du dispositif via les trois piliers de Solvency II

La phase 2 du dispositif s'est traduite par la mise en œuvre législative et administrative du dispositif Solvency II à trois niveaux :

- rédaction du projet de directive européenne par la Commission européenne pour adoption par le Parlement et le Conseil européens ;
- mise en œuvre effective des mesures proposées par le groupe technique, y compris les mesures techniques, par l'EIOPC (European Insurance and Occupational Pensions Committee) ;
- mise en œuvre d'un processus d'harmonisation des processus de contrôle intra-UE, IOPC, Calls, Risks.

Le premier pilier : contraintes quantitatives/constitution de deux niveaux de fonds propres

MCR (Minimum Capital Requirement) et SCR (Solvency Capital Requirement) sont comparés au niveau actuel du capital disponible correspondant à un capital économique. L'analyse comparative aboutit à trois scénarii :

- si le capital disponible est supérieur au SCR, alors la compagnie d'assurances est suffisamment capitalisée ;
- si le capital disponible est compris entre le MCR et le SCR, alors il y a émission d'un indicateur d'alerte auprès des autorités de tutelle, et de la gouvernance de la compagnie ;
- si le capital disponible est inférieur au MCR, alors la compagnie est réputée insolvable.

Alors que le MCR est déterminé par une formule simple, le SCR est calculé soit à partir d'une approche standard basée sur de l'analyse fonctionnelle, soit en utilisant un modèle interne de risques. Les paramètres pris en compte dans le cadre de ces modélisations sont les suivants :

- risque de souscription ;
- risque de marché ;
- risque crédit ;
- risque de liquidité ;
- risques opérationnels.

Le deuxième pilier (qualitatif) : processus de supervision et management interne des risques

Le second pilier du dispositif Solvency II correspond à l'implémentation de systèmes de contrôle interne et de risk management efficaces.

La notion de risk management est définie de façon extensive et intègre les principes de calcul des provisions sur des bases actuarielles et la gestion *assets liabilities management*.

Cette démarche a pour but d'allouer les fonds propres par unité d'affaires en fonction du niveau de maîtrise des risques de sinistralité et des risques stratégiques.

Le troisième pilier : transparence du marché et communication financière

Le troisième pilier du dispositif Solvency II réside dans l'existence d'une discipline du secteur de l'assurance et d'une transparence du marché. À ce titre, il est intéressant d'analyser l'aide que peuvent fournir des outils de communication financière telles que les normes IFRS 4 (actifs et passifs d'assurance) et IFRS 7 (états financiers).

ORSA (Own Risk and Solvency Assessment) et directive Solvency II

La mise en œuvre d'un dispositif Solvency II passe obligatoirement par la modélisation d'une évaluation interne des risques dénommée « Own Risk and Solvency Assessment ».

Ce modèle interne doit contenir :

• l'évaluation d'un besoin global de solvabilité ;

• la couverture permanente des exigences de fonds propres et de provisionnement ;

• l'adéquation ou non du modèle interne aux profils de risque de l'entreprise ;

• l'identification des principaux risques auxquels est exposée l'entreprise, et des scénarii économiques adverses.

La démarche ORSA exige que les fonds propres soient en permanence suffisants pour couvrir les SCR et MCR.

La fréquence de calcul du SCR doit être adaptée au profil de risque au moins une fois par an pour un profil de risque moyen, à chaque changement significatif de profil de risque.

Le MCR doit être calculé tous les trimestres.

Solvency II impose d'autre part la mise en œuvre d'exigences de reporting, qui se traduira par une intervention graduée des autorités de contrôle en fonction des exigences de solvabilité, à savoir :

• si les fonds propres sont intégrés entre le SCR et le MCR : notification du superviseur, fourniture d'un plan de redressement (levée de fonds, réduction des risques), réunions régulières avec le superviseur ;

• si les fonds propres sont inférieurs au niveau de capital minimum (MCR) : fourniture d'un plan de sauvetage financier, éventuel arrêt de la souscription, préparation par le superviseur du plan de retrait d'agrément et de dissolution.

Le risk management bancaire

Le développement du risk management bancaire passe à la fois par la mise sous contrôle de risques financiers spécifiques aux établissements bancaires et par la mise sous contrôle de risques opérationnels génériques ou spécifiques (blanchiment d'argent, financement du terrorisme, etc.).

La mise sous contrôle des risques financiers (contrepartie, crédit, etc.)

Gestion ALM et risk management bancaire

La gestion ALM (*asset-liability management*) vise trois objectifs :
- maîtriser les durées via la gestion des impasses ;
- maîtriser le risque de taux ;
- évaluer la banque.

L'approche ALM peut être déclinée de façon dynamique et statique :
- statique : activité fraîche mise à zéro et seuls les encours existants s'écoulent jusqu'à épuisement ;
- dynamique : intégrant les objectifs de collecte et d'emplois ajoutés aux objectifs initiaux.

Maîtrise des durées, gestion des impasses

À la date d'arrêté de bilan, les encours d'actif et de passif ont une durée moyenne de disponibilité (passif) ou d'immobilisation (actif).

Ils génèrent des flux de capitaux faisant partie du TRE : tableau emplois/ressources :
- dépôts, retraits pour les ressources ;
- versements amortissements pour les crédits ;
- achats ventes remboursement pour le portefeuille titres.

Les écarts mensuels entre les flux entrants et sortants représentent, s'ils sont négatifs, les impasses de gestion. Établies sur une durée de cinq ans et regroupées par tranche : trois mois, six mois, un an, deux ans, trois ans, quatre ans, cinq ans et plus.

La maîtrise des impasses a un effet sur la structure de la collecte prévisionnelle et des crédits à moyen et long terme.

ALM et gestion du risque de taux

Le risque de taux est défini comme le risque encouru en cas de variation des taux d'intérêt du fait de l'ensemble des opérations de bilan et de hors-bilan.

Il existe un risque de variation des résultats générés par les variations des taux d'intérêt se traduisant par une diminution du PNB (produit net bancaire).

On dénombre deux risques :

- taux fixe à taux fixe ;
- taux fixe à taux variable.

Le risque de taux fixe à taux variable peut être couvert par un swap de taux :

- il s'agit d'une macro-ouverture revenant à un échange d'intérêts et non de capital ;
- le prix du swap est obtenu en actualisant les flux de capitaux et d'intérêts à taux fixe (première jambe) ;
- et les mêmes à taux variable (deuxième jambe).

Évaluation de l'établissement bancaire et ALM

La valorisation de la valeur liquidative de la banque passe par le calcul de la valeur actuelle nette des actifs et des passifs :

- dans le calcul des impasses les encours sont classés à la date d'arrêté selon leur durée restant à courir en actif comme en passif ;
- ces échéanciers de flux financiers sont complétés par ceux correspondant aux autres encours (immobilisations, participations, fonds propres) et sont actualisés au taux de la courbe de taux ;
- l'approche dynamique applique le même raisonnement en intégrant en plus les prévisions d'activité sur cinq ans. Les flux prévisionnels générant un bilan actuariel complètent le bilan valorisé dans l'approche statique.

La mise sous contrôle des risques opérationnels

Environnement d'entreprise et gouvernement d'entreprise de la banque

Les acteurs clés du gouvernement d'entreprise dans le secteur bancaire sont :

- le comité d'audit : il supervise les méthodes mises en œuvre en termes de contrôle interne et externe ;
- le comité des rémunérations : il fixe la rémunération des membres du conseil d'administration et l'attribution des stock-options ;
- la direction de l'audit interne : elle pilote éventuellement le projet SOX imposé par la SEC ou le projet 8e directive EEC dans le secteur bancaire, ainsi que la stratégie ALM.

Les attributions clés du comité d'audit en vue de construire un risk management bancaire mature

On entend par comité d'audit un comité qui peut être créé par l'organe délibérant pour l'assister dans l'exercice de ses missions.

Cette création n'est pas obligatoire à ce jour (elle le devient avec la 8e directive européenne sur l'audit légal) et, même si elle est formellement encouragée par les autorités de tutelle, il appartient au seul organe délibérant de l'établissement de crédit de décider ou non de sa création, sa composition, ses missions et modalités de fonctionnement.

Sa création est de nature à faciliter le contrôle effectif par les conseils d'administration dont le comité d'audit est une émanation, et sa mission ne doit pas se limiter à l'analyse des comptes, mais s'étendre à l'appréciation de la qualité des dispositifs de contrôle et des outils de pilotage.

Il a deux missions principales :

• il est chargé de vérifier la clarté des informations fournies et de porter une appréciation sur la pertinence des méthodes comptables adoptées par l'établissement des comptes individuels et, le cas échéant, consolidés ;

• il doit porter une appréciation sur la qualité du contrôle interne, notamment la cohérence des systèmes de mesure, la surveillance et la maîtrise des risques, ainsi que proposer, autant que de besoin, des actions complémentaires à ce titre.

Le comité d'audit assure également d'autres tâches, telles que :

• maintenir la communication entre le conseil d'administration, les dirigeants et les auditeurs internes et externes, afin d'échanger des informations et des points de vue ;

• surveiller et apprécier l'indépendance de la qualité, le rapport efficacité/coûts et le champ de la fonction d'audit interne ;

• effectuer un examen indépendant des états financiers annuels et d'autres informations externes pertinentes ;

• donner des avis sur la nomination d'un auditeur externe ;

• s'assurer que l'établissement de crédit opère dans le respect des lois et des réglementations.

Les outils du dispositif de risk management bancaire

Le dispositif de risk management bancaire se compose des outils suivants :

• procédures de révision comptable/commissariat aux comptes en *Domestic* GAAP, IFRS et US GAAP (en cas de réconciliation des comptes consolidés IFRS – US GAAP) ;

• existence de plans de continuité de l'exploitation et définition des applicatifs critiques ;

• cartographie exhaustive des processus compatibles avec les dispositifs de contrôle qualité ;

• plan de protection des informations ;

• processus de révision et d'arrêtés de comptes de type Sarbanes-Oxley en cas de cotation aux USA ;

• requêtes informatiques d'autocontrôle (identification d'opérations anormales) ;

• procédures écrites ;

• manuel de conventions intragroupe ;

- cartographie type des écritures comptables (schémas comptables autorisés) ;
- tableaux de bord sinistralité/non-qualité.

Ces composantes servent à la fois à alimenter le Sirm (système d'information risk management) et le volet monitoring du COSO.

Les outils spécifiques de gestion de crise (plans de continuité, communication de crise)

Les établissements bancaires se doivent de simuler les impacts des scénarii de crise bancaire et d'évaluer leur impact via un indicateur financier, Value At Risk (VAR) : il s'agit de la perte potentielle maximale encourue par une banque dans un délai déterminé. Cette perte maximale est obtenue par application d'une méthode d'évaluation des risques, après élimination des 1 % des occurrences les plus défavorables.

Cette méthode, utilisée à partir de 1998 pour répondre aux exigences des régulateurs en matière de calcul des fonds propres réglementaires sur l'essentiel des risques de marché, est celle de la « simulation historique » et repose sur les principes suivants :

- constitution d'un historique de paramètres de marché représentatifs du risque des positions ;
- détermination de 250 scénarii correspondants aux variations sur un jour observées sur un historique d'un an glissant ;
- déformation des paramètres du jour selon ces 250 scénarii ;
- revalorisation des positions du jour sur la base de ces 250 déformations des conditions de marché.

Matrice d'évaluation des impacts

	Très élevé	**Élevé**	**Moyen**	**Faible**
Pertes financières directes	L'échelle des pertes est définie par le management en s'appuyant sur les données comptables de l'activité étudiée (PNB moyens journaliers/mensuels/annuels) et sur les indicateurs de risques (par exemple : VAR)			
Pertes de revenu				
Impacts réglementaires	Incapacité à répondre aux obligations réglementaires. Pertes de licence ou de droit à opérer sur les marchés	Incapacité à répondre à certaines obligations réglementaires majeures. Mises sous surveillance. Risques de suspension temporaire des activités	Incapacité à répondre à certaines obligations réglementaires dans les délais impartis, bien que les régulateurs puissent accepter quelques retards	La banque n'est pas dans l'incapacité de faire face à ses obligations et/ou tolérance probable des régulateurs
Impacts légaux/juridiques	Nombreuses plaintes et poursuites avec pénalités financières majeures. Les dirigeants de la banque sont exposés à des poursuites	Plaintes et poursuites avec des clients et des contreparties avec possibilité de pénalités financières conséquentes	Quelques plaintes ou poursuites possibles de la part de clients ou de contreparties mais avec des pénalités financières limitées	Possibilité limitée d'actions en justice contre la banque

	Très élevé	Élevé	Moyen	Faible
Impacts sur l'image/ la réputation	La banque est mise en dehors du marché. La reconstruction de la réputation demandera plusieurs mois/années avec des coûts et des efforts très importants	Perte d'un nombre significatif de clients majeurs. Altération sensible des relations avec les contreparties. La reconstruction de la réputation demandera des mois avec des coûts et des efforts supplémentaires	Pertes de clients mineurs ou perte limitée de clients majeurs. La réputation de la banque pourra être reconstruite en quelques semaines avec des efforts supplémentaires	Probabilité faible de perdre des clients à court terme. Pas d'effort supplémentaire requis pour gérer l'image de la banque après le sinistre
Impacts sur les autres processus de la banque	Perturbations importantes de la plupart des activités critiques de la banque	Perturbations majeures sur un nombre significatif d'autres activités de la banque	Quelques perturbations mineures sur d'autres activités à travers la banque	Peu ou pas d'impact sur les autres activités de la banque

Les difficultés liées à la mise en œuvre d'une réflexion du type gestion de crise, plan de continuité

La réflexion en termes de conception d'un plan de reprise d'activité (PRA) passe par un certain nombre d'arbitrages :

• les arbitrages en termes de coût financier et social ;

• les arbitrages techniques sur la faisabilité (on ne peut pas tout faire) ;

• les arbitrages stratégiques (les risques opérationnels ne s'opposent-ils pas aux *businesses*) ;

• il y a un équilibre à trouver entre business et efficacité opérationnelle, contrôle et résilience, contrôle et activité…

La plupart des tests doivent être réalisés par précaution les jours où l'activité est nulle. Les acteurs des tests se doivent de simuler des transactions fictives, par exemple en envoyant dans le système une opération de 1 euro. Ces tests sont réalisés dans des environnements aseptisés, contrôlés et sécurisés. Cela a un intérêt certain, mais peu représentatif d'une situation réelle en cas de crise.

D'où la proposition d'un test en situation réelle avec des transactions réelles. Ce test pourrait être effectué :

• en production normale, c'est-à-dire en semaine ;

• ou en journée « Target » (jours fériés pour lesquels les marchés financiers sont ouverts), c'est-à-dire en production limitée.

Il existe des liens de dépendance forts avec certains partenaires, parties prenantes (structures d'infogérance par exemple). Ceux-ci doivent aussi être résilients ou travailler dans ce sens. À quoi bon effectuer un effort pour homogénéiser les plans de continuité des activités dans une organisation qui dépend étroitement d'une autre entité non résiliente ? D'où l'importance de la communication, de la sensibilisation et de l'adhérence des partenaires à cette démarche.

Le benchmark est aussi une problématique des autorités financières de faire référence aux différents tests de place. Par exemple, la place financière de Paris effectue régulièrement des tests, la FSA également. Dans une logique d'ensemble on convergera vers une réduction du risque systémique.

L'évolution des PCA vers une convergence intragroupe soulève de nouveaux besoins, comme un référentiel commun : il faut un référentiel commun qui recense les activités, processus et sous-processus de l'entité et qui répertorie et établit les liens entre différentes entités. Ces référentiels de processus, et les cartographies (applicatives, fonctionnelles, etc.) afférentes, devront être maintenus à jour.

La transversalité est un concept important : la plupart des grands groupes communiquent sur leur structure (« Cohérence et subsidiarité »). Dans la plupart de ces groupes, on note un fonctionnement majoritairement en silo. Il convient de dépasser cette vision et de progresser vers une dimension transversale.

Contrôle des activités dans le secteur bancaire

Les risques spécifiques (hold-up, informatique)

Le risque de hold-up

Le risque de hold-up est un risque spécifique au secteur bancaire qui nécessite d'engager une politique de prévention dédiée passant par :

• un équipement systématique des agences en sas de sécurité ;

• la suppression de remise et transactions en liquide dans certaines agences à risque ;

• une politique d'approvisionnement hautement sécurisée via les convoyeurs.

Le risque informatique

Le risque informatique, bien que non spécifique aux établissements bancaires, est un risque majeur qui nécessite d'engager des mesures préventives substantielles, compte tenu du caractère de dématérialisation de l'activité bancaire, telles que :

• duplication du réseau ;

• back-up informatique intragroupe et externe (avec constructeur et structure d'infogérance).

Les délais d'arrêt de l'exploitation informatique doivent être très courts et paralyseront complètement l'ensemble des processus bancaires.

Cependant, les autres outils de mise sous contrôle des risques présentés dans cet ouvrage (assurance, prévention, etc.) seront, bien entendu, mis en œuvre et activés.

La prévention du risque de blanchiment et du financement du terrorisme

Les dispositifs de prévention du risque de blanchiment et de financement du terrorisme sont à la hauteur de leurs enjeux et de la complexité des circuits utilisés. Ils s'étayent sur les piliers suivants :

• dispositifs organisationnels (formation des chargés de clientèle, supervision et contrôle managérial) ;

• processus de contrôle interne spécifique (formalisation de l'entrée en contact, suivi des flux et des transactions, documentation et conservation des preuves, déclaration de soupçons).

Les éléments permettant d'identifier de tels risques sont les suivants :
- transaction supérieure à 150 000 euros ne paraissant pas avoir de justification économique ou d'objet légal ;
- cas de versements en espèces substantiels ;
- transferts de fonds fréquents ;
- distance importante non justifiée entre l'établissement bancaire et la situation du client ;
- mouvements fréquents et non justifiés sur comptes dans différents établissements ;
- cycle de vie des comptes rapide ;
- mouvements fréquents non justifiés de fonds entre des établissements se trouvant dans des zones géographiques différentes.

Le dispositif de contrôle interne relatif à l'abus de marché

La directive européenne « Abus de marché » se fixe pour objectif de renforcer l'intégrité des marchés en réglementant le délit d'initié et la manipulation des cours de marché.

La directive intègre une dimension déclarative visant à prévenir ces risques :
- pour l'émetteur : établissement d'une liste d'initiés sur laquelle figurent toutes les personnes travaillant pour l'émetteur ou ses relations professionnelles ayant accès à des informations privilégiées ;
- pour les dirigeants des groupes cotés : déclarer toute opération pour leur propre compte sur instruments financiers ou instruments de marché (au sens de l'IAS 39) de la société concernée dans les cinq jours ouvrables consécutifs à la transaction ;
- pour les analystes et journalistes : informations précises à fournir pour s'assurer de leur indépendance et de la pertinence de leurs recommandations ;
- pour les prestataires de services d'investissement : effectuer une déclaration d'opération suspecte dès que l'établissement à un soupçon sur un abus de marché possible.

Les enjeux de la mise en œuvre de la directive MIF du 21 avril 2004

La directive européenne MIF (Marché des instruments financiers) a pour objectif de renforcer le niveau de protection des investisseurs via la meilleure exécution des transactions (*best transactions*), par la classification des clients par leur niveau de risque, par l'adaptation de l'information financière et de la qualité de service en fonction de cette classification, par la prévention des conflits d'intérêts.

Elle se traduit aussi par un élargissement du périmètre du risk management bancaire en termes d'acteurs (ouverture en conseil en investissement), de typologies d'instruments financiers (intégration des contrats dérivés en matières premières) et des transactions réalisées.

Elle se matérialise par la classification des clients en trois typologies se concrétisant par un service personnalisé (*suitability/appropriateness*), à savoir :
- contreparties éligibles (établissements de crédit, sociétés de gestion) ;
- clients professionnels (entreprises, institutionnels) ;
- particuliers nécessitant de bénéficier d'une protection renforcée.

La directive MIF met ainsi en exergue la nécessité d'une mise sous contrôle de la relation client en fonction de sa catégorie d'appartenance, passant préalablement par une information préalable claire et non trompeuse et se traduisant par une meilleure connaissance du client, une prévention des conflits potentiels optimisant la politique de *best execution* (gestion des ordres client) et autorisant la mise en œuvre de la *suitability/appropriateness*.

Les risques génériques

Les compagnies bancaires partagent de nombreux risques opérationnels communs avec les groupes industriels, tels que :

- risque de rupture d'approvisionnement sur les achats de frais généraux ;
- risque politique pour les filiales et partenariats établis dans les pays en développement ;
- risque IARD ;
- risque humain concernant les collaborateurs de la banque.

Les outils utilisés pour mettre sous contrôle ces risques sont identiques à ceux des groupes industriels et nous invitons le lecteur à se reporter aux chapitres de l'ouvrage traitant de ces thèmes.

La mise sous contrôle du lancement des produits à risque (techniques de titrisation)

La chute récente de grands groupes bancaires américains et européens attire notre attention sur les causes de ces défaillances. Le rapport Ricol nous interpelle sur les défaillances des dispositifs de gouvernance des banques liés au lancement des produits à risque (pas de rôle d'alerte et rupture dans les chaînes de commandement).

Mais, de fait, à quoi correspondent ces produits à risque qui ont nécessité de réaliser des tests de dépréciation des actifs financiers des établissements bancaires ?

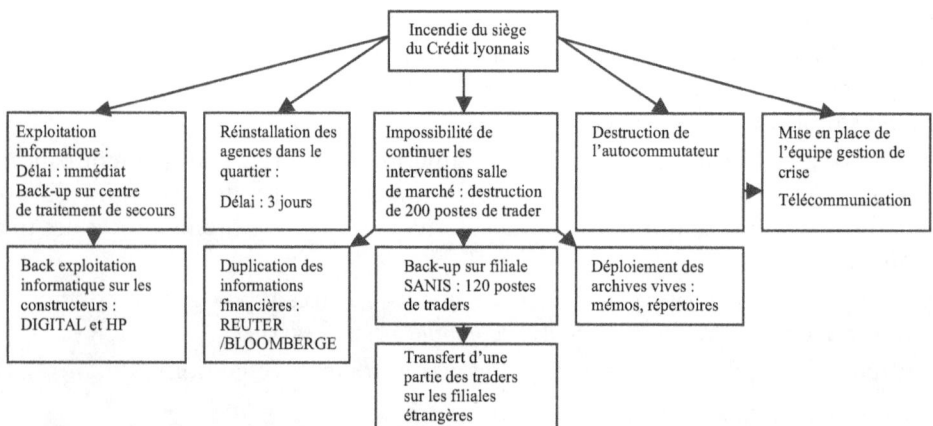

Plan de reprise d'activité salles de marchés : l'incendie du siège du Crédit lyonnais

Les différentes techniques de titrisation

Il existe deux types de techniques de titrisation :

- titrisation *on balance sheet* ;
- titrisation *off balance sheet*.

La titrisation *on balance sheet* se caractérise par l'émission par une banque de titres gagés sur un pool de créances qui restent à l'actif du bilan mais sont cantonnées d'un point de vue juridique.

Ce type de technique ne présente aucun intérêt en vue de modifier la structure financière dans une optique de respect des contraintes liées à Bâle II.

La titrisation *off balance sheet* a pour effet de doper la rentabilité de la banque par déconsolidation de ses créances.

Dans ce montage, la banque a un véhicule de refinancement de ses créances. Le SPV (Special Purpose Vehicle) finance l'acquisition des créances par émission de titres (*asset-backed securities*).

Les revenus encaissés par les investisseurs du SPV proviennent des revenus des créances transférées et inscrites à l'actif du bilan du véhicule de refinancement.

On distingue les *mortgage backed securities* si les créances titrisées sont des crédits hypothécaires, des ABS, si les créances titrisées correspondent à des prêts à la consommation ou à des prêts automobiles.

Les causes de défaillance de ces techniques de titrisation

Les troubles apparus à l'été 2007 sont intervenus après une période de croissance exceptionnelle de distribution du crédit et de recours, pour financer ce crédit, à un levier d'endettement considérable dans le système financier.

Les banques prêteuses ont utilisé la titrisation et vendu leurs créances à d'autres intermédiaires financiers (suivant le modèle dit *originate to distribute*), en dehors de toute régulation, sous la forme de véhicules d'investissement structurés (SIV) et d'autres véhicules hors bilan. Ces véhicules, qui regroupaient des créances de long terme et de qualité variable, étaient financés par des investisseurs à court terme.

Après plusieurs années de conditions macroéconomiques favorables et dans un contexte de liquidité abondante, les investisseurs se sont montrés de moins en moins vigilants au regard des risques croissants de ces nouveaux produits financiers toujours plus complexes, mais néanmoins très bien notés par les agences de notation, ce qui sous-entendait un faible risque pour les investisseurs, les institutions financières et les autres acteurs.

L'augmentation du taux de défaut des emprunteurs sur les prêts hypothécaires subprimes aux États-Unis a entraîné un assèchement de la liquidité sur ces marchés.

Les relations interbancaires en ont été largement affectées au travers d'une crise de confiance. Les banques ont par conséquent eu à subir de lourdes pertes, ce qui a *in fine* déclenché une crise financière mondiale. Les banques centrales ont dû, et doivent encore, effectuer des injections répétées de liquidité pour maintenir une certaine confiance.

Chapitre 3

Le risk management dans les compagnies d'assurances

Les compagnies d'assurances sont culturellement peu habituées à raisonner en termes de risques opérationnels internes, bien que leur métier consiste à financer les risques purs de leurs clients.

Elles ont à se protéger face à deux types de risques :

- les risques liés au métier financier (dont gestion d'actifs et mandats de gestion intragroupe ou pour le compte de tiers) ;
- les risques opérationnels génériques qu'elles rencontrent dans la réalisation de leurs différents métiers (assurance-vie, non-vie, gestion immobilière, banque, etc.).

Risk management des métiers financiers

Le risque de contrepartie

Défaillance d'un émetteur obligataire

Ce risque correspond au cas de figure de l'acquisition par une compagnie d'assurances de titres détenus à échéances (emprunts obligataires remboursables *in fine* et générant des coupons sur la période d'amortissement du risque).

En IFRS, cet emprunt est traité selon la méthode du coût amorti, comptabilisant soit une prime dans le cas d'un écart de performance en faveur de l'investisseur ou de décote dans l'hypothèse d'un écart de performance en défaveur du souscripteur.

Le risque évoqué n'est pas celui d'une sous-performance des titres détenus à échéance, se traduisant par un test de dépréciation, mais par une insolvabilité de l'émetteur nécessitant de déprécier intégralement la valeur de l'actif dans le bilan de la compagnie.

Défaillance d'une contrepartie sur dérivés

Ce risque correspond à l'inefficacité totale de la contrepartie d'un instrument de couverture, se traduisant :

- soit par une diminution du résultat financier, dans le cas d'une couverture de juste valeur (hypothèse d'un instrument de couverture portant sur des actifs ou des passifs existants) ;
- soit par une diminution de la réserve de juste valeur dans le cas d'une couverture de cash-flows (protection de cash-flows prévisionnels de la compagnie).

Le risque de marché

Dépréciation sur actions

Ce risque se traduit par un écart de performance structurel entre le rendement attendu d'une action cotée en Bourse et son rendement réel.

À noter que l'IASB (International Accounting Standards Board) et le FASB (Financial Accounting Standards Board), face à la crise économique et financière du dernier trimestre 2008, ont pris une position nouvelle faisant apparaître la notion de marché inactif, limitant ce type de risque.

Lors du sommet des États de la zone euro du 12 octobre 2008, leurs dirigeants ont fixé les termes d'un plan d'action concertée prévoyant, en particulier, une approche coordonnée visant à « assurer assez de flexibilité dans la mise en œuvre des règles comptables IFRS ». « Compte tenu des circonstances exceptionnelles actuelles, les institutions financières comme les institutions non financières doivent pouvoir comptabiliser, en tant que de besoin, leurs actifs en prenant en compte leurs modèles d'appréciation des risques de défaillance de préférence aux valeurs de marché immédiates qui ne sont plus pertinentes dans des marchés qui ne fonctionnent plus. »

Cette déclaration suit la recommandation émise lors de l'Ecofin du 7 octobre 2008, à l'attention des superviseurs et des auditeurs de l'Union européenne, d'éviter toute distorsion de traitement entre les banques américaines et européennes du fait des normes comptables, et ce, dès la clôture des comptes intermédiaires au 30 septembre 2008.

Le Conseil national de la comptabilité, l'Autorité des marchés financiers, la Commission bancaire et l'Autorité de contrôle des assurances et des mutuelles ont élaboré, après une réunion avec la Compagnie nationale des commissaires aux comptes, une recommandation conjointe destinée à rappeler le traitement comptable de certains instruments financiers (IAS 39), pour lesquels les perturbations des marchés ne permettent plus d'observer un prix de marché fiable.

Cette recommandation vise à apporter les clarifications nécessaires pour l'arrêté des comptes intermédiaires ou annuels clos à partir du 30 septembre 2008. Elle s'applique aux comptes consolidés, établis selon les normes IFRS en vigueur, telles qu'adoptées par l'Union européenne, des entités détenant des actifs financiers valorisés à la juste valeur et pour lesquels les marchés sont inactifs (cas d'une crise boursière où le cours ne reflète plus la valeur d'une entreprise).

Dans le contexte actuel, la valeur de marché de certains actifs financiers n'est pas, à elle seule, pertinente et ne permet pas une bonne appréciation de la situation financière et des résultats des entreprises.

En outre, la détermination de la juste valeur de certains instruments financiers, dont la variation de valeur affecte le résultat ou les capitaux propres, soulève des difficultés pratiques importantes, tant pour les préparateurs que pour les commissaires aux comptes et les utilisateurs de l'information.

À cet égard, les quatre autorités prennent bonne note de la communication conjointe de la Securities and Exchange Commission (SEC) et du FASB du 30 septembre 2008, et de la publication du FASB du 10 octobre (FSP FAS 157-3), qui apportent des clarifications utiles sur la comptabilisation à la juste valeur des actifs financiers lorsque les marchés ne reflètent plus la valeur des groupes.

Les autorités précitées prennent également acte des déclarations de l'IASB des 2 et 14 octobre 2008, qui indiquent que les clarifications apportées par la SEC et le FASB sont conformes à la norme IAS 39 « Instruments financiers : comptabilisation et évaluation ».

Les clarifications évoquées dans ces communications, qui ont l'agrément des quatre autorités et s'appliquent dans le cadre de la norme IAS 39 en situation de marché inactif, portent sur l'utilisation des hypothèses développées par l'entreprise en l'absence de données de marché pertinentes.

Lorsque les marchés sont en crise, l'utilisation d'hypothèses internes développées par la compagnie relative aux flux de trésorerie futurs, et de taux d'actualisation correctement ajustés des risques que prendrait en compte tout participant au marché (risque de contrepartie, de non-performance, de liquidité ou de modèle notamment) est justifiée. Ces ajustements sont pratiqués de manière raisonnable et appropriée, après examen des informations disponibles.

Cette réforme de la norme IAS 39 autorise donc les compagnies d'assurances à concevoir des modèles internes s'appuyant sur des modèles d'évaluation des titres perfectionnés, tels que :

• méthode des comparables ;

• méthode du *fair value rating*, basée sur la construction d'une grille de scoring stratégique et financière permettant de définir une prime de risque ;

• la place des cotations de courtiers dans l'appréciation des informations disponibles ;

• dans le contexte d'un marché inactif, les cotations des courtiers ne sont pas nécessairement représentatives de la juste valeur, lorsqu'elles ne sont pas le reflet de transactions intervenant sur le marché ;

• la place des transactions forcées dans la détermination de la juste valeur.

Les transactions résultant de situations de ventes forcées n'ont pas à être prises en compte pour la détermination de la juste valeur d'un instrument financier.

En période de marché illiquide, il n'est pas approprié de conclure que toute l'activité de marché traduit des liquidations ou des ventes forcées. Cependant, dans ces mêmes conditions, il n'est pas non plus approprié de conclure que tout prix de transaction observé est nécessairement représentatif de la juste valeur.

L'appréciation du caractère forcé d'une transaction repose sur l'exercice du jugement.

Notamment sur les prix de transactions observés sur un marché inactif. Les prix des quelques transactions qui interviennent sur un marché inactif sont une donnée à prendre en considération dans la valorisation d'un instrument financier, mais ne constituent pas nécessairement une composante déterminante.

La détermination du caractère actif ou pas d'un marché, qui peut s'appuyer sur des indicateurs tels que la baisse significative du volume des transactions et du niveau d'activité sur le marché, la forte dispersion des prix disponibles dans le temps et entre les différents intervenants de marché ou le fait que les prix ne correspondent plus à des transactions suffisamment récentes, requiert, en tout état de cause, l'utilisation du jugement.

Enfin, les quatre autorités prennent acte de l'adoption par l'IASB, le 13 octobre 2008, de la révision de la norme IAS 39 en vue de permettre le reclassement de certains instruments financiers en titres détenus à échéance, et ce, conformément aux souhaits exprimés lors de la réunion Ecofin précitée.

Dépréciation sur actifs de placement

Ce risque se matérialise par une sous-performance des immeubles de placement en contrepartie de provisions techniques (IAS 40), dans l'hypothèse où les revenus locatifs générés sont structurellement inférieurs aux prévisions établies et communiquées.

Dépréciation sur participations non cotées

Ce risque se traduit par la réalisation d'un test de dépréciation dans l'hypothèse où la performance attendue par la participation dans une société non cotée ne se matérialiserait pas (pas de versements de dividendes ou dividendes encaissés structurellement inférieurs aux prévisions).

Ce type de dépréciation aura obligatoirement un impact sur le goodwill associé dans l'hypothèse où le *business plan* de la société cible ne se matérialiserait pas.

Les risques liés aux mandats de gestion d'actifs

Les risques liés aux mandats de gestion, aussi bien pour le compte de filiales intra-groupes ou pour le compte de clients tiers, sont des risques significatifs que doivent gérer les groupes d'assurances. Le dispositif de risk management lié à la gestion d'actif se décompose en six étapes.

Élaboration du *business plan*

Les principaux risques identifiés à ce niveau sont les suivants :
• analyse stratégique non ou mal réalisée (forces, faiblesses, menaces et opportunités) ;
• erreur dans les estimations de cash-flows générés par les actifs subordonnés.

Audit des contraintes réglementaires du client

Le principal risque identifié à ce niveau est un risque de légalité (infraction à une réglementation en vigueur) concernant le droit obligataire, le droit des sociétés, le droit fiscal dans le cadre de l'évaluation des contraintes réglementaires liées au mandat de gestion prévisionnelle confié par le client.

Définition du cadre de gestion

Le risque principal à cette étape est un risque d'infraction à la séparation des pouvoirs des acteurs demandée en termes de mandats de gestion (dépositaire, gestionnaire, etc.).

Le cadre de gestion doit décrire les modalités de fonctionnement entre ces différents acteurs, les flux d'informations associés (dont le reporting sur la performance des actifs), les modalités de gestion de contentieux éventuels (intégration ou non d'une clause de renonciation à recours).

Proposition d'allocation d'actifs

Le principal risque identifié à ce niveau est un risque de non-respect du couple risque/rendement associé au mandat de gestion prévisionnelle.

Ce risque peut être prévu en utilisant des modèles de gestion de portefeuille tels que :
- la droite de marché (modèle de Modigliani et Miller) pour les portefeuilles à dominante actions, modèle postulant que la rentabilité prévisionnelle d'une action dépend :
  - de la rentabilité financière prévisionnelle du marché (mesurée par un indice boursier),
  - du risque exogène,
  - du risque endogène de la société (évalué par l'effet de levier d'exploitation) ;
- le Modèle d'équilibre des actifs financiers (Médaf) pour les mandats de gestion basés sur des actifs subordonnés à dominante obligation. Ce modèle considère que chaque obligation émise par un groupe de droit privé doit proposer une prime de risque complétant un rendement moyen observé sur le marché obligataire à risque nul (garanti par l'État).

Mise en œuvre de l'allocation d'actifs

Il existe de nombreux facteurs de risques liés à l'allocation effective des actifs subordonnés liés aux mandats de gestion :
- décalage sur mix par rapport à la proposition initiale ;
- non-optimisation dans l'encaissement des dividendes, des coupons, des produits financiers par le gestionnaire ;
- erreurs sur opérations titres lors des passations d'achat ou de vente, non-réalisation ou retard de réalisation des transactions pouvant se traduire par un préjudice (moins-value) pour le client.

Reporting

Dans ce domaine les principaux risques à anticiper sont les suivants :
- erreur dans le reporting (relevés de performance) se traduisant par un préjudice ou par une plus-value non fondée avec exercice de cette dernière pour le client ;
- retard de production du reporting lié, par exemple, à un dysfonctionnement des systèmes d'information du gestionnaire.

Risque en propre des filiales (recapitalisation)

Ce risque se matérialise par l'obligation de recapitaliser une filiale stratégique, quelles que soient les raisons de cette capitalisation (marché en baisse, secteur en phase de déclin, etc.), ou de lui accorder des prêts intragroupe à des taux bonifiés limitant ainsi la capacité du groupe d'assurances à financer la croissance d'autres entités du groupe pérennes.

Le processus de la mise sous contrôle des risques opérationnels

La mise sous contrôle des risques opérationnels nécessite une organisation spécifique du dispositif de risk management afin de garantir son efficacité.

L'organisation du dispositif de risk management au sein des groupes d'assurances

Au sein du groupe d'assurances, la direction du risk management a pour objectifs l'identification, la quantification et la gestion des principaux risques auxquels le groupe est exposé. Pour ce faire, des méthodes et des outils de mesure et de suivi, proposés dans cet ouvrage, sont développés par la direction risk management.

Ce dispositif permet de proposer une gestion optimale des risques pris par le groupe et de contribuer, d'une part, à la diminution de la volatilité des résultats grâce à la fixation de normes conduisant à une meilleure appréciation des risques pris et, d'autre part, à une optimisation des fonds propres alloués par le groupe d'assurances à ses différentes activités.

La fonction de risk management au sein du groupe est en général coordonnée par une équipe centrale, laquelle est relayée par des équipes de risk management locales (par zone géographique à l'international pour les groupes cotés) dans chaque entité opérationnelle du groupe.

Les principes et priorités de la fonction risk management dans le secteur assurance

Afin d'apporter une contribution tangible et mesurable aux activités du groupe, la fonction risk management doit être construite au sein d'un groupe d'assurances autour de trois orientations stratégiques :

- une approche pragmatique centrée sur des priorités clairement identifiées ;
- une approche opérationnelle en liaison directe avec les activités du groupe ;
- une approche décentralisée basée sur le principe de subsidiarité en ligne avec l'organisation générale du groupe d'assurances.

Le risk management se doit d'avoir cinq missions prioritaires :

- le pilotage et le suivi de la gestion actif-passif ainsi que la mise en œuvre des travaux de capital économique ;
- l'approbation préalable au lancement des nouveaux produits et la promotion de l'innovation en matière de produits ;
- la gestion des expositions d'assurance qui comprend notamment la revue des provisions techniques et l'optimisation des stratégies de réassurance ou de coassurance en tant que cédante ou en tant que cessionnaire ;
- l'identification et la mesure des risques opérationnels ;
- la gestion des systèmes d'information : outils de projection, de simulation, de mesure de risques, d'agrégation et de reporting.

Le dispositif de reporting risk management

La structure groupe doit être principalement organisée autour d'un directeur du risk management. Ce dernier doit être placé sous l'autorité du comité des risques, qui est responsable de la définition des standards méthodologiques du groupe d'assurances concernant les principaux risques.

Cela inclut le développement et le déploiement d'outils de mesure et de gestion du risque (dont les bases incidents permettant de mesurer la sinistralité interne du groupe).

Cette direction doit coordonner également les processus de détection et de gestion des risques au niveau du groupe et indirectement au niveau des filiales. Cela inclut notamment l'ensemble des procédures de reporting de risque et leur agrégation au niveau mondial. Enfin, cette direction se doit de coordonner les équipes locales (zones géographiques) de risk management des différentes filiales du groupe.

Risk managers par zone géographique ou locaux

Les équipes locales de risk management doivent être en charge de l'application des standards groupe en matière de gestion des risques d'une part, et de la mise en œuvre des exigences minimales définies par la direction d'autre part.

Ce mode d'organisation permet la mise en œuvre effective du dispositif de risk management en ce qui concerne l'étude des risques ci-dessous.

La mise sous contrôle des risques opérationnels

Risque d'irrégularité relative aux contrats

La non-conformité des contrats intègre un certain nombre de sous-cas de figure :

Risque d'irrégularité relative aux contrats

Carences concernant l'exhaustivité du contrat ou la conformité des produits aux réglementations	Défaut de formalités substantielles, informations erronées sur les caractéristiques du produit, engagement sur une performance financière non tenue
Insuffisance du formalisme juridique	Transactions ou pratiques non compatibles avec les normes groupe
Non-actualisation du contenu des contrats	Utilisation de documents dont le format est non valide, dénonciation hors délai
Insuffisance concernant l'obligation de moyens en matière de performance	Défaut de conseil, manquements liés aux conditions nécessaires de la prestation
Pas de respect des engagements contractuels	Non-respect des clauses des contrats clients, des contrats de partenaires et parties liées, de fournisseurs
Erreur d'interprétation ou d'analyse	Liée à la complexité de la rédaction, à des clauses optionnelles, à la non-compréhension linguistique, à la méconnaissance d'un système juridique étranger

Ces risques se matérialiseront par une remise en cause de la responsabilité civile, par des pertes financières et une perte d'image pour la compagnie d'assurances (risque assurable pouvant être couvert par une police responsabilité civile professionnelle).

Risque de non-conformité réglementaire

Ce risque intègre un certain nombre de cas de figure présentés ci-dessous. La matérialisation de ces risques aura un impact au civil et/ou au pénal.

Risque de non-conformité réglementaire

Infraction à la réglementation et aux obligations contractuelles	Infraction à la législation sociale sur le fonctionnement des instances représentatives et sur les règles applicables aux personnes (par exemple : absence d'instance, entrave, discrimination, marchandage, harcèlement sexuel, temps de travail…) ; infraction aux règles applicables aux sociétés cotées ou émettant des emprunts obligataires ou des actions (par exemple : *segment reporting*[a], *interim reporting*[b], formalités de publicité, cumul des mandats) ; infraction aux règles de fonctionnement des instances de gouvernance (par exemple : formalités, pouvoirs, ingérence…), infraction fiscale, (par exemple : TVA, IS…) ; infraction aux règles Cnil, violation du secret médical, infraction aux règles antiblanchiment ou financement du terrorisme, non-respect d'une obligation d'assurance
Ignorance de la réglementation	Droit de la concurrence, droit civil et pénal, droit des assurances, droit social, droit fiscal, droit des sociétés, droit des affaires, droit de la concurrence
Erreur d'interprétation et de qualification	Droit social, droit fiscal, droit des sociétés
Litiges et contentieux	Avec les clients, les prestataires et partenaires, les salariés (licenciement, sanctions disciplinaires)
Évolution négative de la jurisprudence	Absence de jurisprudence, revirement, (par exemple : requalification des contrats d'assurance …), limitation de l'exercice professionnel
Erreur d'interprétation face à une nouvelle réglementation	Textes d'application non parus, conflit d'interprétation, jurisprudence contradictoire, absence de précédent
Méconnaissance d'un changement de réglementation	Règles nationales ou internationales, insuffisance de la veille réglementaire, manque d'anticipation

a. États financiers par branche.
b. Arrêté des comptes trimestriels.

Les conséquences au civil d'une infraction aux contraintes réglementaires peuvent être couvertes par une police d'assurance responsabilité civile mandataires sociaux.

La souscription d'une telle police, même si elle revêt un caractère légal et vise à limiter le préjudice causé par un acte délictuel commis par un mandataire social, outre le fait qu'elle peut sembler choquante d'un point de vue moral ou éthique, pose des problèmes de conformité en termes de gouvernance.

Exemple de police d'assurance RC mandataires sociaux d'un groupe banque/assurance

RC mandataires sociaux	
Faits générateurs	
Infraction en matière bancaire et boursière	
Infraction par rapport à la réglementation AMF	
Délit de manipulation des cours	
Délit d'initié	
Délit de fausses informations	
Erreurs dans la gestion de comptes bancaires, dans l'utilisation de services ou opérations de caisse	
Pratiques, pouvant mettre en péril la marge de solvabilité de la compagnie ou l'exécution des engagements contractés envers les assurés, sociétaires adhérents ou ayants droit	
Omission de transmission ou retard de transmission dans le rapport joint au rapport de gestion des conditions de préparation et d'organisation des travaux du conseil ainsi que les procédures de contrôle interne mises en œuvre (article 117, loi 1er août 2003)	
Faute de gestion	
Imprudence ou imprévoyance dans la gestion du patrimoine social	
Abstention fautive	
Abus de biens sociaux	
Responsabilité pour violation d'un texte	
Violation de la loi	
Violation des statuts sociaux	
Infraction fiscale	
Extension à directeur général délégué	
Au sens loi NRE (nouvelles régulations économiques)	

Risques liés à un dysfonctionnement des systèmes d'information

Les compagnies d'assurances, du fait du caractère immatériel de leurs prestations et de la montée en puissance des prestations informatisées (souscription de polices en ligne par exemple), sont très sensibles au risque informatique physique (destruction d'une salle d'exploitation, d'une salle réseau) ainsi qu'au risque immatériel (contamination virale, etc.).

Risques liés aux systèmes d'information

Inadaptation de la configuration des matériels	Analyse des besoins incomplète, sous-dimensionnement des serveurs et/ou des réseaux, surdimensionnement, inadéquation des choix techniques, obsolescence
Inadaptation de la maintenance	Indisponibilité des matériels et des réseaux, indisponibilité des outils de communication avec les partenaires, pannes des matériels ou liées à un dysfonctionnement de l'environnement physique des matériels, délai/coûts de maintenance élevés, non-respect des procédures de maintenance
Inaccessibilité physique	Accident, blocage ou grève, malveillance, sinistre

Les conséquences d'un tel risque informatique physique seront les suivantes :

- pertes matérielles affectant le patrimoine informatique, quelle que soit sa qualification juridique ;
- pertes d'exploitation liées à l'interruption de l'exploitation informatique (et donc l'impact sera limité par la capacité de mettre en œuvre très rapidement le plan de reprise informatique) ;
- responsabilité civile générée par les dommages immatériels causés aux clients et sociétaires (incapacité de réaliser certaines transactions créant un préjudice à l'assuré) ;
- pertes humaines (en cas de décès affectant un salarié de la compagnie) ;
- risque informatique immatériel.

Ce risque est un risque majeur pour les compagnies d'assurances, compte tenu du caractère exorbitant des frais de reconstitution des médias. De nombreuses compagnies, en raison du caractère inacceptable de ce scénario, investissent de façon majeure à titre préventif dans une deuxième salle d'exploitation ou signent des contrats de back-up avec des constructeurs et des structures d'infogérance.

Les différents cas de figure concernant le risque systèmes d'information

Architecture applicative inadaptée	Doublons, absence de données, alimentation automatique non prévue, modularité insuffisante, sur ou sous-dimensionnement
Inadéquation de la conception des applications	Analyse des besoins incomplète, non-conformité par rapport aux besoins définis, volume de traitement insuffisant, délai/réactivité insuffisante, besoins fonctionnels mal identifiés ou définis
Inadéquation de la maintenance	Indisponibilité des applications, coût/délai trop long, non-respect des procédures de maintenance, non-traçabilité des interventions de maintenance, rupture unilatérale du contrat
Erreur applicative	Double traitement/absence de traitement, erreur de programmation lors de la conception ou de la maintenance, retard de réalisation de la transaction
Intrusion, criminalité	Introduction d'un virus, utilisation non autorisée de ressources informatiques, criminalité informatique
Altération des données	Non-intégrité des données, données erronées ou effacées, destruction de fichiers, sauvegarde oubliée ou perdue, malveillance, archives vives non identifiées
Confidentialité non respectée	Divulgation d'information à des tiers non autorisés, divulgation de règles de gestion, sécurité logique insuffisante
Indisponibilité des données	Panne, accident, sinistre, grève, non-respect des délais de mise à disposition de la part d'un prestataire
Carence de pistes d'audit	Impossibilité de reconstituer un échange d'information, la valeur d'une donnée, de justifier d'un retraitement

Risques de dommages aux biens et aux personnes

Même si ce risque semble être moins significatif que dans les groupes industriels (parfois à risques hautement protégés), il est cependant nécessaire de pas négliger ce type de risque au sein des compagnies d'assurances, compte tenu de l'impact médiatique pouvant être généré par un incendie majeur et surtout par le décès d'un salarié ou d'un tiers. Les différents cas de figure à mettre sous contrôle par le risk manager de la compagnie sont les suivants :

Risques de dommages aux biens et aux personnes

Atteintes à la santé du fait de l'environnement	Amiante, légionellose, contamination, intoxication, maladies professionnelles répertoriées ou non
Atteintes à la santé du fait de l'activité exercée	Affection liée au poste de travail, audition, vision, stress, menaces, harcèlement
Accidents du fait de l'environnement	Incendie, électrocution, chute, inondation
Accidents du fait de l'activité exercée	Accidents de la circulation, brûlure, manutention de charges, grève
Atteinte à l'intégrité physique	Agression, attentats, prise d'otage(s)
Indisponibilité des locaux d'exploitation	Occupation des locaux, incendie, inondation, attentat
Sinistre relatif aux bâtiments	Incendie, inondation, rupture de structure, explosion, défaillance du bâtiment
Indisponibilité des matériels	Matériels non conformes, défectueux, non livrés
Rupture d'approvisionnement	Gaz, eau, électricité, chauffage, fournisseurs stratégiques
Vol, dégradation	Destruction des biens, vols de matériels, vols d'objets personnels, irruptions de personnes externes

Les conséquences d'un tel risque (pertes matérielles, pertes d'exploitation, pertes humaines, coût de la responsabilité civile, impact sur l'image) seront d'autant plus limitées que la compagnie aura décrit les processus critiques avant sinistre, qu'elle aura modélisé et testé ses plans de continuité de l'exploitation.

Risque social et humain

Les limites entre management des ressources humaines et risk management sont parfois difficiles à cerner.

Et pourtant, les frontières des deux fonctions sont clairement délimitées :

- à la DRH de coordonner la stratégie de gestion des ressources humaines et la gestion des relations sociales et, en cas de grève, de jouer le rôle de médiateur ;
- au risk manager de la compagnie de mettre en œuvre, en cas de grève, les plans de continuité concernant les métiers critiques et de prioriser le redéploiement des acteurs clés sur des sites de back-up non risqués (trésorerie, actuariat, call center, exploitation informatique, etc.).

Les différents risques associés à ce dispositif sont les suivants :

Risque social et humain

Carences de personnels	Sous-effectifs, dépendance vis-à-vis de ressources rares, départ de personnes clés, recours à des ressources précaires ou externes sur fonctions sensibles, mobilité excessive des équipes, marché de l'emploi en crise
Inadéquation des postes et des compétences	Recrutement inadapté, formation inadaptée, profils sur ou sous-dimensionnés
Ressources inemployées	Sureffectifs, formation inutilisée, potentiel non détecté
Démotivation	Esprit d'entreprise, motivation des équipes, désimplication, pas d'adhésion à la culture d'entreprise
Manquements dans la production de données employeur	Non-production des liasses sociales
Non-respect de la protection des données individuelles des salariés	Vie privée, santé, sexualité
Conflits collectifs	Grève, contestations syndicales, manifestations, infraction au droit social
Infraction aux règles éthiques de l'entreprise	Non-respect de la déontologie professionnelle, infraction au règlement intérieur, alcoolisme, drogue, utilisation des ressources de l'entreprise à des fins personnelles, divulgation d'informations, non-exercice du devoir d'alerte, clause de conscience non appliquée

Risque administratif et comptable

Cette typologie de risque concerne en priorité le dispositif de production des états financiers, et de reporting financier des compagnies d'assurances.

L'objectif est de s'assurer de la sincérité de la production des états financiers en conformité avec le référentiel IFRS et ou US GAAP et, en particulier, avec la norme IFRS4 (actif et passif d'assurance).

La non-sincérité des comptes peut provenir soit de dysfonctionnements imputables au processus comptable lui-même (retard de production, déperdition de flux comptables, etc.), mais aussi d'anomalies venant des activités métiers et déportées sur le processus comptable. Le rôle du risk manager consiste donc à faire comprendre aux managers opérationnels l'importance de la mise sous contrôle de leurs activités en termes de sincérité des comptes (souscription, règlement de sinistre, reconnaissance du chiffre d'affaires, constitution des provisions techniques, etc.).

Le risk manager doit, de concert avec la direction du contrôle permanent et de l'audit interne de la compagnie d'assurances, s'assurer de l'existence d'un plan d'arrêtés de comptes en cas de gestion de crise, couplé à un plan de reprise d'activité informatique (en fixant des scénarii acceptables de production des états financiers en accord avec les co-commissaires aux comptes).

En ce qui concerne cette typologie de risque, les différentes composantes à mettre sous contrôle sont les suivantes :

Risque comptable

Non-respect des normes réglementaires French GAAP-Domestic GAAP –IFRS –US GAAP	Non-application des normes, aménagement, détournement
Non-respect des procédures internes	Procédures incohérentes, ignorées, non comprises
Erreur	Erreur de paramétrage ou de table, erreur de saisie, d'imputation, de valeur, non-saisie de données
Carence des contrôles	Absence de suivi des corrections, reporting insuffisant ou inexact des états financiers
Manquements dans la production des comptes	Oubli d'états légaux, inexactitude ou retard des déclarations comptables
Remise en cause des règles applicables aux sociétés d'assurances	Modification des dispositions fiscales applicables aux sociétés (IS, plus-value), changement des normes comptables IFRS ou US GAAP

Risque lié à la communication

La communication financière, tout comme la communication produit des compagnies d'assurances, qu'elle soit à forme sociétaire, mutualiste ou quasi mutualiste, s'avère être un domaine très sensible nécessitant de mettre en œuvre des dispositifs spécifiques rattachés à la gouvernance.

D'une part, les exigences en termes de communication financière ne font que s'accroître via la réglementation (cf. la directive « transparence » intra-Union européenne) imposant aux groupes cotés de communiquer leurs prévisions budgétaires par trimestre, ainsi que la réalité comptable dans les mêmes délais (inter-reporting).

La production d'un rapport d'activité est aujourd'hui très complexe, incluant, outre les états financiers consolidés, le segment reporting (chiffres clés par unité d'affaires et zone géographique), les comptes consolidés *pro forma* (en cas de changement de périmètre de consolidation), les documents suivants :

- rapport stratégique ;
- rapport du président du conseil sur le contrôle interne (passant d'une démarche déclarative à une vision évaluative) ;
- rapport sur le management durable de l'environnement ;
- rapport sur le dispositif de risk management.

L'ensemble de ce rapport d'activité est ainsi passé au crible par les analystes, le marché étant sensible à tout écart de communication entre les prévisions et la réalité (ce qui peut se traduire pour les groupes cotés par un *profit warning*).

D'autre part, la communication sur les différents produits est aussi excessivement sensible surtout en ce qui concerne une éventuelle performance annoncée portant sur les produits financiers gérés par mandats de gestion ou portant sur les OPCVM. Tout décalage entre la performance prévisionnelle prévue d'un point de vue contractuel et la performance réelle des actifs subordonnés peut se traduire par une éventuelle remise en cause de la responsabilité civile de la compagnie d'assurances.

Différents risques concernant le dispositif de communication externe

Communication financière	Non-fiabilité de la communication financière	Informations financières erronées, incomplètes, tardives
	Non-acceptabilité par le marché de la communication financière	Messages contradictoires émis par différents services ou sociétés du groupe, messages non crédibles, non convaincants, retard de communication
Communication institutionnelle	Perte de notoriété	Baisse de la notoriété spontanée ou assistée, communication inadaptée
	Inadaptation des messages	Communication en décalage avec les valeurs traditionnelles de l'entreprise, communication perçue comme choquante
Risque de communication client	Inadaptation des messages clients	Campagne clients « agressive », adhésion forcée, contenu des messages perçu comme choquant, boycott
	Mauvais planning des actions de communication	Superposition de campagnes, lassitude de la clientèle, surexposition

Conclusion

Les fondements du libéralisme économique ont toujours mis en évidence la mise sous contrôle du risque entrepreneurial.

Historiquement, le droit des sociétés a été conçu pour faciliter la croissance des entreprises, tout en limitant le risque patrimonial de l'entrepreneur.

L'émergence d'un système économique néolibéral conforté par l'adoption du référentiel de contrôle interne au sein de l'Union européenne a fait apparaître, de la fin XIXe siècle au début du XXe siècle, la nécessité de mettre sous contrôle aussi bien les risques de sinistralité (corporate risk management) que les risques stratégiques (business risk management) en vue de protéger les objectifs décrits dans le plan et la rémunération de l'actionnaire.

Les récents scandales financiers ont fait ressortir les insuffisances conceptuelles des référentiels de contrôle interne (dont le COSO), ou les limites dans les modalités de mise en œuvre.

L'efficacité des dispositifs de risk management, quant à elle, concernant les risques tangibles (IARD, informatique), semble avérée, à la différence de l'efficacité de la mise sous contrôle des risques immatériels (par exemple, du risque de fraude).

Reste une problématique majeure : la pertinence dans la réalisation des cartographies de risques et de l'actualisation de leurs contenus (comment s'assurer d'une identification rationnelle et objective des risques significatifs pouvant affecter la pérennité de l'entreprise ?). Reste aussi ouverte la question portant sur les leviers d'action permettant d'augmenter l'efficacité du dispositif de risk management au sein des groupes industriels, bancaires et d'assurances.

De notre point de vue, il s'avère nécessaire de remettre du bon sens dans l'action et dans la décision, en arrêtant de se protéger derrière des méthodologies censées permettre une couverture parfaite de ces risques. Il est nécessaire de renforcer l'engagement des dirigeants dans la mise en œuvre d'un dispositif, qu'ils se doivent de porter au titre de leur responsabilité entrepreneuriale.

Les préconisations du rapport Ricol vont dans ce sens, en prônant une augmentation de la responsabilité pénale des mandataires sociaux.

De même, l'allocation des fonds propres par métier, en fonction de la qualité de la couverture des risques, semble être une priorité de la nouvelle réglementation que le législateur envisage pour faire monter en puissance les dispositifs de risk management des groupes cotés.

Nous espérons que cet ouvrage contribuera à redonner un sens à la construction d'un dispositif de risk management au sein de votre entreprise.

ANNEXES

Annexes de la première partie

Société générale : une dépréciation de 7 milliards d'euros

La mauvaise nouvelle est tombée. Depuis plusieurs semaines, les rumeurs allaient bon train sur les marchés. Des craintes plus que fondées puisque la Société générale a révélé, jeudi 24 janvier 2008, qu'elle doit lever 5,5 milliards d'euros après la découverte d'une fraude et le passage de nouvelles dépréciations d'actifs pour son exposition aux subprimes. Daniel Bouton a présenté sa démission au conseil d'administration de la Société générale, qui l'a rejetée et lui a renouvelé toute sa confiance ainsi qu'à l'équipe de direction.

C'est un cataclysme pour le secteur bancaire français. Après des mois de messages rassurants sur la solidité de son activité et sa faible exposition aux subprimes, la Société générale avoue ce jeudi avoir été victime d'une fraude au sein de son activité de courtage qui se monte à 4,9 milliards d'euros, auxquels s'ajoutent 2 milliards de dépréciations liées à la crise des subprimes, soit un total de 6,9 milliards d'euros, un montant similaire à celui des banques américaines Citigroup ou Merrill Lynch.

Comme pour Calyon, la banque d'investissement du Crédit agricole, la Société générale a été victime de l'exposition d'un trader courant 2007 et début 2008, en charge d'activités de couverture de futures sur des indices boursiers européens. « Sa connaissance approfondie des procédures de contrôle, acquise lors des précédentes fonctions, lui a permis de dissimuler ses positions grâce à un montage élaboré de transaction fictives », précise le groupe dans son communiqué.

Des déclarations qui laissent perplexes certains observateurs. Comment un seul homme, Jérôme Kerviel, peut-il faire perdre autant d'argent à une banque qui, depuis des années, a fait du contrôle des risques son cheval de bataille ? C'est à se demander, estiment certains, si la Société générale ne profite pas de cet incident pour cacher et masquer des problèmes bien plus importants sur sa prise de risques sur les subprimes.

Questionnaires risk management

	Cartographie des risques			
	Critère	**Poids**	**Note**	**Note globale**
1	Avez-vous réalisé un *mapping* systématique des risques par macro et microprocessus ?	4		
2	L'analyse des faits générateurs a-t-elle fait l'objet d'une validation par le comité d'audit et les commissaires aux comptes (C&C) ?	1		
3	L'analyse des conséquences des dysfonctionnements affectant les processus a-t-elle fait l'objet d'une validation par les C&C et le comité d'audit ?	2		
4	La cartographie des risques a-t-elle fait l'objet d'un dispositif spécifique pour les processus ayant un niveau de matérialité élevé ?	1		
5	La quantification des pertes humaines par sinistre maximum possible a-t-elle été réalisée ?	4		
6	La quantification des pertes matérielles par SMP a-t-elle été réalisée ?	4		
7	La quantification des pertes d'exploitation par SMP a-t-elle été réalisée ?	3		
8	La quantification ou l'impact financier du coût de la responsabilité civile ont-ils été chiffrés ?	3		
9	La quantification des pertes maximum possibles a-t-elle été mise en relation avec la capacité d'acceptation des risques ?	4		
10	La valeur résiduelle a-t-elle été déterminée comme étant la différence entre le coût du risque et la valeur indemnisable ?	4		
	Total	30		

	Prise de risques			
	Critère	**Poids**	**Note**	**Note globale**
1	La cartographie est-elle réalisée par macro-risques purs et spéculatifs ?	4		
2	Les conséquences financières d'un sinistre financier maximum sont-elles évaluées ?	1		
3	Les conséquences stratégiques d'un sinistre maximum possible sur les objectifs straté-giques du groupe sont-elles évaluées ?	2		
4	La cartographie des risques à l'international a-t-elle été réalisée ?	1		
5	Les risques DIL (*difference in limit*) ont-ils été identifiés ?	4		
6	Les risques DIC (*difference in condition*) ont-ils été identifiés ?	4		
7	Les risques émergents (risques purs non assurables) ont-ils été identifiés ?	3		
8	Les techniques liées aux financements alter-natifs ont-elles été envisagées (réassurance financière, systèmes captifs de réassurance, captives à compartiments…) ?	3		
9	Les plans de reprise d'activité sont-ils prévus par processus critiques ?	4		
10	Les plans de reprise d'activité sont-ils testés régulièrement ?	4		
	Total	30		

	Évaluation des conséquences			
	Critère	**Poids**	**Note**	**Note globale**
1	Vous appuyez-vous sur votre dispositif de contrôle de gestion pour évaluer les sinistres maximums possibles par centre de risque ?	4		
2	Pour estimer les pertes matérielles, prenez-vous en compte la valeur expertisée des immobilisations mises sous contrôle ?	1		
3	Pour estimer les pertes d'exploitation, vous basez-vous sur la différenciation entre charges fixes et variables au sein du compte de résultat par centre de risque avant sinistre ?	2		
4	Pour estimer les pertes humaines concernant les salariés, vous basez-vous sur l'indemnisation a *minima* prévue par la Sécurité sociale ?	1		
5	Pour estimer les pertes humaines concernant les salariés, vous basez-vous en deuxième ligne sur les capitaux prévus dans la police collective « décès invalidité » ?	4		
6	Pour estimer le coût de la responsabilité civile par scénario de crise, analysez-vous la jurisprudence antérieure sur des cas similaires ?	4		
7	Pour estimer le coût de la responsabilité civile par scénario de crise, et en l'absence de jurisprudence antérieure, estimez-vous le risque de façon qualitative ?	3		
8	L'estimation des pertes d'exploitation prend-elle en compte les modalités de back-up identifiées en préventif ?	3		
9	L'estimation des frais de reconstitution des médias prend-elle en compte l'identification des applicatifs critiques réalisés préalablement ?	4		
10	L'estimation des frais de retrait des produits du marché, et/ou des frais de communication de crises associées, prend-elle en compte les scénarii de retrait des produits du marché anticipé ?	4		
	Total	30		

	Analyse causale des risques			
	Critère	**Poids**	**Note**	**Note globale**
1	Tous les cas de figure liés à la criminalité externe ont-ils été envisagés ?	4		
2	Tous les cas de figure liés à la criminalité interne ont-ils été envisagés ?	1		
3	Tous les cas de figure liés aux sinistres exogènes ont-ils été identifiés ?	2		
4	Les risques purs pouvant être mis sous contrôle à titre préventif par le CEO ont-ils été inventoriés (notion d'élément inhabituel) ?	1		
5	Les risques purs ne pouvant être anticipés par le CEO ont-ils été clairement délimités (« *Act of God, extraordinary items* ») ?	4		
6	Tous les risques liés à une insuffisance ou à une défaillance de la maintenance préventive ont-ils été identifiés ?	4		
7	Tous les risques liés à une insuffisance ou à une défaillance de la qualité totale ont-ils été identifiés ?	3		
8	Tous les risques liés à une insuffisance ou à une défaillance du dispositif de management durable de l'environnement ont-ils été identifiés ?	3		
9	Tous les risques liés à une insuffisance ou à une défaillance du dispositif de sécurité ont-ils été identifiés ?	4		
10	Avez-vous prévu un dispositif de réactualisation automatique des risques ?	4		
	Total	30		

	Impact financier, risque résiduel			
	Critère	**Poids**	**Note**	**Note globale**
1	Le risque résiduel postprocessus indemnisation a-t-il été systématiquement déterminé par scénario de crise ?	4		
2	Avez-vous mené une étude de faisabilité de location de compte captif de réassurance pour autofinancer les franchises ?	1		
3	Avez-vous mené une étude de faisabilité de création d'une société captive de réassurance pour mutualiser les risques de fréquence maîtrisés ?	2		
4	Avez-vous envisagé la constitution d'une provision pour propre assureur, pour les risques purs sur lesquels ne porte pas une obligation d'assurance ?	1		
5	Avez-vous envisagé le recours à la réassurance financière pour trouver une deuxième ligne de capitaux complétant l'assurance ?	4		
6	Avez-vous envisagé le recours à la réassurance financière pour financer des risques émergents, non assurables ?	4		
7	Les risques de gravité sont-ils portés via un assureur apériteur tiers ?	3		
8	Avez-vous spécialisé vos outils de financements alternatifs par typologie de risques (retraite, IARD)… ?	3		
9	Le risque fiscal lié à ces montages est-il mis sous contrôle ?	4		
10	Le risque de non-sincérité des comptes lié à ces montages est-il mis sous contrôle ?	4		
	Total	30		

	Risque informatique			
	Critère	**Poids**	**Note**	**Note globale**
1	Le risque informatique a-t-il été décrit à partir du plan d'urbanisme/schéma directeur des SI ?	4		
2	Le risque informatique a-t-il été décrit à partir de l'architecture réseau ?	1		
3	Avez-vous construit une grille de scoring permettant d'identifier les applicatifs critiques ?	2		
4	L'efficacité du plan de reprise informatique est-elle testée régulièrement ?	1		
5	Avez-vous fait procéder à une certification SAS 70 par un cabinet indépendant ?	4		
6	Avez-vous souscrit une clause « frais de reconstitution des médias » ?	4		
7	Avez-vous souscrit une clause « frais supplémentaires d'exploitation informatique » ?	3		
8	Avez-vous souscrit une clause « extensions risques informatiques » ?	3		
9	Cette clause est-elle limitée à la criminalité informatique externe ?	4		
10	Les investissements de sécurité informatique sont-ils testés régulièrement ?	4		
	Total	30		

Fiches méthodes risk management

Fiche méthode construction d'un plan de reprise d'activité avant sinistre par centre de risque

Présentation : l'objectif de cette fiche méthode est de présenter la méthodologie de construction d'un plan de reprise d'activité à titre préventif.

Description de la méthode

La construction du plan de reprise d'activité par centre de risque passe par :

- l'identification des processus critiques du centre de risque avant sinistre ;
- l'identification des actifs critiques (moules, plans, etc.) par visite de site avant sinistre ;
- l'identification des hommes clés via interviews avant sinistre ;
- l'identification des ressources logistiques critiques avant sinistre (heures-hommes, heures-machines, m^2, m^3 disponibles avant sinistre en intragroupe) ;
- l'identification des sites de redéploiement des processus critiques sur les sites non sinistrés du groupe disposant de ressources logistiques, ou la signature de contrats de back-up avec des tiers (sous-traitants, fournisseurs, constructeurs informatiques) ;
- la définition des registres de communication de crise interne et externe associée à ces plans de reprise d'activité.

Conditions de réussite

Réalisation d'interviews collectives en mode brainstorming.

Fiches associées

Modalités de quantification des pertes.

Fiche méthode quantification des pertes par centre de risque

Présentation : l'objectif de cette fiche méthode est de quantifier les pertes générées par un sinistre majeur et d'estimer le coût résiduel à la charge de l'entreprise.

Description de la méthode

- Quantification des pertes matérielles par centre de risque : valeur expertisée de l'immobilisation, quelle que soit sa qualification juridique × le pourcentage de destruction estimé de l'actif.
- Quantification des pertes d'exploitation : structuration du compte de résultat du centre de risque avant sinistre en différenciant les charges variables et les charges fixes. Il est aussi nécessaire de déterminer le nombre de jours nécessaires à la mise en œuvre d'un plan de reprise dégradé.

Estimation des conséquences financières d'un sinistre majeur sur le compte de résultat par centre de risque par :

• estimation du pourcentage de diminution du CA ;

– quantification des pertes humaines : somme liée à l'indemnisation sécurité sociale + éventuelle indemnisation liée à la souscription d'une police d'assurance-vie/décès,

– quantification du coût de la remise en cause de la responsabilité civile fondée soit sur une exploitation de la jurisprudence existante, soit sur la construction d'un indice qualitatif estimant l'impact du sinistre majeur sur la surface financière.

Le coût des pertes générées par un sinistre majeur est égal à la somme des quatre typologies de pertes.

Le coût résiduel à la charge du groupe est égal à la différence entre le coût global minoré de l'indemnisation assurance ;

• estimation du pourcentage de diminution des charges variables post-sinistre ;

• estimation des nouveaux frais fixes après sinistre (mesures conservatoires, frais de reconstitution des médias, frais de démolition, frais d'expertise, etc.).

Le montant des frais après sinistre est égal à la somme des frais fixes avant sinistre + % de diminution des charges variables + nouveaux frais fixes générés par le sinistre.

La perte d'exploitation après sinistre est égale à la différence entre le résultat analytique avant sinistre moins le résultat analytique après sinistre.

Conditions de réussite

S'assurer de l'existence de compte de résultat analytique de centre de profit avant sinistre.

Annexes de la deuxième partie

Extrait du rapport risk management du groupe EDF 2007

Politiques sectorielles de contrôle des risques

Contrôle des risques marchés énergies

La politique de risques marchés énergies, formalisée par la décision du président-directeur général du 9 décembre 2005, codifie la gestion de ces risques pour le périmètre d'EDF SA et des filiales contrôlées et précise l'ensemble du dispositif nécessaire à sa mise en œuvre et au contrôle de son application. Pour les filiales régulées et les filiales co-contrôlées, la politique de risques marchés énergies et le processus de contrôle sont revus dans le cadre des instances de gouvernance de ces sociétés (conseil d'administration, comité d'audit).

Cette note de politique décrit :

- le système de gouvernance et de mesure, séparant clairement les responsabilités de gestion et de contrôle des risques et permettant de suivre ;
- l'exposition sur le périmètre ci-dessus défini ; les processus de contrôle des risques impliquant la direction d'EDF SA en cas de dépassement des limites de risques. À noter qu'un dispositif de contrôle renforcé est mis en place pour la filiale EDF Trading.

Les objectifs de la politique de gestion et de contrôle des risques sont de :

- permettre l'identification et la hiérarchisation des risques dans tous les domaines en vue d'en assurer une maîtrise de plus en plus robuste, sous la responsabilité du management opérationnel ;
- permettre aux dirigeants et aux organes de gouvernance d'EDF SA d'avoir une vision consolidée, régulièrement mise à jour, des risques majeurs et de leur niveau de contrôle ;
- contribuer à sécuriser la trajectoire stratégique et financière du groupe ;
- répondre aux attentes et informer les parties prenantes externes sur les risques du groupe et sur le processus de management de ces risques. Le périmètre de gestion des risques comprend les activités d'EDF SA et celles des filiales contrôlées. Il ne comprend donc pas les filiales régulées et les filiales co-contrôlées qui assurent la gestion de leurs risques sous leur responsabilité respective.

Le périmètre de contrôle des risques est celui du groupe, à l'exception des participations. Ce contrôle est réalisé en direct pour le périmètre EDF SA et filiales contrôlées, ou par le biais des organes de gouvernance pour les filiales régulées ou co-contrôlées.

D'une façon générale, la gestion des risques est de la responsabilité des entités opérationnelles et fonctionnelles, pour les risques qui relèvent de leur périmètre d'activité. Le contrôle des risques est assuré par une filière mise en place en toute indépendance des fonctions de gestion des risques (complétée par des filières de contrôle spécifiques notamment pour les risques marchés financiers et marchés énergies).

Cette filière assure notamment une approche homogène en matière d'identification, d'évaluation et de maîtrise des risques.

Selon ces principes, chaque semestre, en cohérence avec les échéances associées à la publication semestrielle des comptes consolidés, EDF élabore la cartographie consolidée de ses risques majeurs pour le périmètre d'EDF SA et des filiales contrôlées et co-contrôlées (à l'exception de Dalkia International).

Cette cartographie consolidée est réalisée à partir des cartographies établies par chaque entité opérationnelle ou fonctionnelle sur la base d'une méthodologie commune (typologie, principes d'identification, d'évaluation, de mise sous contrôle des risques…).

Chaque risque identifié fait l'objet d'un plan d'action décrit.

Les risques majeurs sont placés sous la responsabilité d'un pilote désigné par le TOP4.

La cartographie consolidée fait l'objet chaque semestre d'une validation par le TOP4 et d'une présentation au comité d'audit du conseil d'administration d'EDF SA. Elle fait également l'objet d'échanges fréquents avec les états-majors des principales directions contributrices et les membres de la filière « contrôle des risques ».

Le processus global de cartographie des risques constitue un support pour de nombreux autres processus : notamment l'élaboration du programme d'audit, la politique assurances et sa mise en œuvre, la documentation financière (notamment le chapitre « Facteurs de risques » du document de référence AMF), l'analyse des risques portant sur des dossiers examinés par les organes décisionnels d'EDF (TOP 4, comité des engagements et des participations, CEP-dossiers combustibles, comité amont-aval trading, etc.). Le processus de contrôle des risques contribue notamment à la sécurisation du processus d'investissements et d'engagements long terme en veillant au respect des principes méthodologiques d'analyse des risques pour les dossiers présentés au comité des engagements et participations.

En complément, une politique de gestion de crise, dont la dernière actualisation a été signée par le président-directeur général en juin 2005, est mise en œuvre sur le périmètre d'EDF SA et des filiales contrôlées. Elle consiste notamment :

• à s'assurer de l'existence de dispositifs de crise pertinents, au regard des risques encourus, dans chaque direction d'EDF SA participant à la gestion de la crise et dans les filiales contrôlées ;

• à définir les modalités de coopération avec les filiales régulées en période de crise ;

• à vérifier la cohérence d'ensemble.

Un programme d'exercices de crise permet de tester régulièrement l'efficacité de ces dispositifs et de capitaliser les retours d'expérience. Enfin, l'organisation de crise est régulièrement réajustée, notamment à chaque changement significatif d'organisation interne ou d'environnement externe, ainsi qu'après chaque retour d'expérience de crise majeure.

La politique de gestion et de contrôle des risques d'EDF (document de référence 2007)

Le comité d'audit d'EDF SA rend un avis sur la politique de risques marchés énergies et sur ses évolutions. Le TOP 4 valide annuellement les mandats de gestion de risques des entités qui lui sont présentés avec le budget.

Contrôle des risques financiers

EDF a mis en place un département « contrôle des risques financiers », en charge de la maîtrise des risques de taux, de change, de liquidité et de contrepartie pour les filiales contrôlées. Ce contrôle s'exerce via :

- la vérification de la bonne application des principes du cadre de gestion financière, notamment au travers du calcul régulier d'indicateurs de risque et du suivi de limites de risque ;
- des missions de contrôle – méthodologie et organisation – sur les entités d'EDF SA et les filiales contrôlées ;
- le contrôle opérationnel de la salle des marchés d'EDF en charge de la gestion de la trésorerie. Pour ces activités, un système d'indicateurs et de limites de risque vérifiés quotidiennement est en place pour suivre et contrôler l'exposition aux risques financiers. Il implique le directeur trésorier du groupe, le chef de la salle des marchés et le responsable du contrôle des risques financiers, qui sont immédiatement saisis pour action en cas de dépassement de limites. Un comité *ad hoc* vérifie périodiquement le respect des limites et statue sur les modifications de limites spécifiques éventuelles.

Il est rendu compte de la mise en œuvre des politiques de gestion des risques financiers au comité d'audit sur un rythme annuel. Rattaché à la direction corporate finance et trésorerie de la direction financière, ce département a un lien fonctionnel fort avec la direction du contrôle des risques groupe en vue de garantir son indépendance.

Contrôles spécifiques

Procédure d'approbation des engagements

Le comité des engagements et des participations (CEP), présidé par le directeur général délégué finances, examine l'ensemble des engagements du groupe, hors filiales régulées et filiales co-contrôlées, notamment les projets d'investissement, les projets de cessions et les contrats long terme « combustibles ». Il valide tout investissement d'un montant supérieur à 20 millions d'euros. Depuis la fin de mars 2003, les réunions du comité sont systématiquement précédées d'une réunion où sont associés les experts du niveau corporate (DCRG, DJ, DF...), afin de vérifier l'exhaustivité et la profondeur des analyses de risques des dossiers présentés. Ces travaux s'appuient sur un référentiel méthodologique d'analyse des risques des projets de développement qui intègre l'ensemble des impacts et en particulier la valorisation des scénarii de stress.

Contrôle des systèmes d'information (SI)

- Organisation du contrôle interne de la filière SI : le dispositif de contrôle interne de la filière SI s'intègre dans la politique de contrôle interne du groupe (propositions d'objectifs de contrôle à décliner par les entités opérationnelles) et porte sur la mise en œuvre des politiques de la filière. Ces politiques touchent en particulier à la sécurité des systèmes d'information, au pilotage des projets SI, à la gestion des risques SI et au respect des lois informatique et liberté.

- Actions dans le domaine de la sécurité des SI : les orientations et l'organisation de la sécurité des SI sont définies dans deux documents de référence : la politique de sécurité des systèmes d'information du groupe EDF et le référentiel de politique sécurité des SI d'EDF SA. Le déploiement de ces politiques ainsi que le niveau de sécurisation sont suivis de façon trimestrielle par un comité sécurité, présidé par la DSI Groupe, rassemblant les responsables de sécurité des systèmes d'information de toutes les entités d'EDF SA. Le comité sécurité rend compte annuellement au comité des directeurs de systèmes d'information. Une action a été menée concernant la maîtrise des risques liés à un sinistre majeur sur les principaux centres de calcul. Des plans de continuité d'activité sont définis et ont été testés pour les applications les plus critiques pour le fonctionnement de l'entreprise.

- Autres actions du domaine SI : une nouvelle politique informatique et liberté a été définie et déployée sur le périmètre EDF SA en conformité avec la nomination fin 2006 d'un correspondant informatique et libertés. La DSI groupe et la direction de l'audit ont lancé conjointement un diagnostic concernant la robustesse du dispositif de contrôle interne sur les systèmes d'information d'EDF. Ce diagnostic vise à améliorer la maîtrise par le groupe des risques liés aux SI ; ses conclusions sont attendues pour la fin du premier trimestre 2008.

L'administration et la surveillance des filiales

Toute société filiale ou en participation (à l'exception des filiales régulées) est suivie par un directeur, membre du comex ou par son délégué. Celui-ci propose les administrateurs représentant EDF au sein des instances de gouvernance de ces sociétés, et leur adresse une lettre de mission et une lettre d'objectifs. Une actualisation de ces rattachements est validée chaque année par le comité des cadres dirigeants.

La délégation administrateurs et sociétés, en place depuis 2002, veille tout particulièrement :

- à la mise à jour de la cartographie du rattachement des sociétés, en fonction des décisions prises par le TOP4 ;

- au suivi des « compositions cibles », visions anticipées et collectives des compétences, ainsi que des profils nécessaires à une bonne représentation d'EDF au conseil des sociétés filiales et participations, en fonction de la stratégie définie par les directeurs de rattachement ;

- au respect du processus de désignation des administrateurs, préalable managérial à la proposition de nomination (conformité à la composition cible, contrôle du nombre de mandats, avis du hiérarchique de l'administrateur proposé…) ;
- à la professionnalisation des nouveaux administrateurs (formation initiale par l'université groupe, information via le site Internet de la communauté administrateurs, formation permanente via les séminaires et ateliers administrateurs).

Autres politiques de contrôle

EDF a également défini :

- une politique santé-sécurité, signée par le président-directeur général en octobre 2003 ;
- une politique d'assurances présentée au conseil d'administration du 1er juillet 2004, suite au dossier présenté aux administrateurs le 23 octobre 2003 sur la couverture du risque « tempête » pour les réseaux de distribution. Le conseil a alors pris acte du bilan présenté sur la situation d'EDF SA et de ses filiales contrôlées au regard des risques assurables identifiés et sur les couvertures mises en place. Il a validé un programme de travail destiné à renforcer la connaissance des risques assurables du groupe, à développer la dimension groupe des assurances, à améliorer et optimiser les couvertures existantes et à mettre en place de nouvelles couvertures. À ce dernier titre, le conseil a approuvé, le 22 février 2006 (après avis du comité d'audit du 17 février), la mise en place du nouveau programme « dommages nucléaires », destiné à couvrir les dommages accidentels importants qui pourraient toucher les centrales nucléaires d'EDF SA.

Un point sur l'avancement de la mise en œuvre du programme de travail du 1er juillet 2004 a été présenté au comité d'audit du 5 mai 2006 et à celui du 2 avril 2007, qui a approuvé ses lignes de développement futures. Le comité a également pris connaissance de la vision actualisée des risques assurables et des couvertures du groupe. En outre, le comité d'audit, régulièrement informé des évolutions en la matière, a reçu une information, le 28 août 2006, sur la finalisation des négociations relatives au programme « dommages nucléaires » et sur la mise en place de l'assurance « tous risques chantier » pour la tête de série EPR à Flamanville.

Réglementation liée à l'exploitation industrielle

Dans le domaine de l'exploitation industrielle, de nombreuses procédures de contrôle existent et notamment pour le nucléaire, où deux acteurs peuvent être plus particulièrement mentionnés :

- l'inspecteur général pour la sûreté nucléaire (IGSN) qui s'assure, pour le compte du président, de la bonne prise en compte des préoccupations de sûreté et de radioprotection dans toutes leurs composantes pour les installations nucléaires et dont le rapport annuel est publié à l'externe ;
- l'Inspection nucléaire, service directement rattaché au directeur de la division production nucléaire (DPN), dont les actions de vérification permettent d'évaluer le niveau de sûreté des différentes entités de la DPN. Il peut être noté que ces champs ont fait l'objet d'un audit corporate en 2007.

La loi du 28 juin 2006 et son décret d'application du 23 février 2007 relatif à la sécu-risation du financement des charges nucléaires imposent à l'entreprise de spécifier dans un rapport les procédures et dispositifs permettant d'identifier, d'évaluer, de gérer et de contrôler les risques liés à l'évaluation des charges nucléaires et à la gestion des actifs de couverture. La première version du rapport, répondant aux exigences de la loi, a été finalisée au mois de juin 2007 ; ce rapport comprend un volet spécifique sur le contrôle interne et sa mise à jour se fera sur une base *a minima* triennale, avec actualisation annuelle.

Dans les autres domaines (comme le contrôle des appareils à pression et la surveil-lance des barrages), chaque entité est responsable de la définition et de la mise en œuvre des procédures de contrôle adéquates.

Autres réglementations

Des contrôles sont également effectués sur l'application de la réglementation sociale et du travail. La mise en place de systèmes de management, en particulier dans le domaine environnemental et de la santé-sécurité, a permis d'obtenir un meilleur contrôle de l'application de la réglementation et d'anticiper les évolutions réglementaires.

Annexes de la troisième partie

Risk management dans le secteur bancaire

Cartographie des risques opérationnels

Macro-risques	Micro-risques
Immeubles et infrastructure générale	
Rupture d'activité provoquée par des sinistres	Incendies
	Inondation
	Autres catastrophes naturelles
	Indisponibilité d'une ressource
	Litiges
	Autres causes
Technologie de l'information et communications	
Dysfonctionnements provoqués par des systèmes informatiques	Pertes accidentelles d'intégrité des données
	Erreurs de développement
	Atteinte involontaire à la sécurité informatique
	Défaillance d'un fournisseur informatique
	Inadéquation des SI
	Panne système, insuffisance, indisponibilité passagère de ressources informatiques
	Litiges
	Autres
Relations avec le personnel et réglementation sociale	
Relations	Problèmes d'effectif, turnover excessif
	Licenciements
	Grèves
	Hommes clés
	Autres
Sécurité du travail	Problèmes d'hygiène et de sécurité
	Litiges
	Non-conformité réglementaire
Discrimination	Discrimination raciale
	Discrimination sexuelle

Macro-risques	Micro-risques
Supervision et réalisation des traitements	
Saisie et traitement des transactions	Erreurs humaines et involontaires
	Non-respect ou mauvaise interprétation des procédures
	Déficiences dans les procédures
	Inadéquation des SI aux activités et produits
	Erreurs de règlement/livraison
	Mauvaise gestion des référentiels
	Litiges clients
	Autres
Qualité de l'information et du reporting	Inexactitude du reporting interne ou externe
	Inexactitude des déclarations comptables et réglementaires
Documentation clientèle	Absence de documentation de décharge
	Absence ou non-exhaustivité des documents
	Légaux
	Accès non autorisé aux comptes clients
Gestion des comptes clients	Information donnée aux clients fausse
	Dégradation des actifs clients
Relation avec les contreparties commerciales	Erreur d'une contrepartie
	Litiges avec les contreparties
Relation avec les fournisseurs	Erreur ou défaillance d'un sous-traitant
	Litige
Risque projet	Insuffisance dans la conduite des projets de changement
Relation clientèle produits et pratique commerciale/réglementation	
Risque fiduciaire et lié aux obligations réglementaires dans la gestion d'actifs	Problèmes dans la gestion collective d'actifs
	Méthodes de vente inappropriées
	Infraction aux règles fiduciaires
	Informations fausses sur les caractéristiques et performance des produits
	Pratiques discriminatoires vis-à-vis de clients
	Atteinte à la vie privée ou à la confidentialité
	Violation du secret professionnel
	Rotation excessive des comptes clients pour générer des commissions
	Soutien abusif de crédit
	Rupture abusive de crédit

Macro-risques	Micro-risques
Relation clientèle produits et pratique commerciale/réglementation	
Pratiques commerciales ou de marché inappropriées/problème déontologique	Non-respect d'exigence légale et réglementaire
	Infraction à la législation sur la concurrence
	Pratiques incorrectes sur les marchés
	Délit d'initié interne
	Activité non autorisée non intentionnelle
	Financement du terrorisme
Blanchiment	Blanchiment d'argent
Obligations réglementaires liées à un embargo	Embargo
Défauts dans les produits ou les modèles	Produits défectueux on non autorisés
	Erreur de modélisation
Problème de sélection et de suivi clients	Défaut de connaissance du client
	Dépassement de limite client
Vol/fraude malveillance	
Activités non autorisés	Absence d'informations sur les opérations réalisées
	Abus de pouvoir
	Activités non autorisées intentionnelles
	Dissimulation volontaire de position
Vol, hold-up, agressions	Vol
	Agression
Fraude externe	Fraude externe
	Fraude relative aux cartes bancaires
	Délit d'initié externe
Fraude interne	Fraude interne
	Fraude mixte
Atteinte volontaire à l'intégrité des SI et des données	Malveillance informatique
	Vol et divulgation de données

© Groupe Eyrolles

Matrice d'exposition aux risques dans le secteur bancaire

Cartographie des risques opérationnels par processus métier	
Exposition au risque	
	Éléments de contexte susceptibles de faire varier le niveau d'exposition au risque
	Éléments d'alerte traduisant l'existence de risques
	Dysfonctionnements matérialisant le risque
Impacts des nouveautés et évolution	
	Impact des nouveaux produits/nouvelles activités/nouveaux clients
	Impact en termes de risques des nouveaux SI et organisations
	Impact des nouvelles réglementations
Plan d'action	
	Synthèse des principales actions en cours visant à réduire le risque
	Actions complémentaires prioritaires préconisées par le risk manager

Évaluation du risque brut et net

		Légende	Risque net/(3)
			Évaluation du risque
	Évaluation du contrôle interne	(1) Cotation risque brut	Opérationnel
	1 monitoré	1 acceptable	Exposition résiduelle faible
	2 optimisé	2 à surveiller	Exposition résiduelle modérée
	3 standardisé	3 à réduire	Exposition résiduelle importante
	4 inefficace	4 inacceptable	Exposition résiduelle forte

	Synthèse des risques opérationnels	Risque brut	Évaluation par le contrôle interne	Risque net	Commentaires
	Qualité	1	2	3	
Thèmes transverses	Pertes/incidents				
	Plan de continuité des unités commerciales				
	Ressources humaines				
	Comptabilité				
	1 Gestion commerciale				
Thèmes transverses	Systèmes informatiques				
Processus	Ouvrir un compte				
	Documenter les comptes clients				
	Maîtriser des délégations de pouvoir et de signature				
	Gérer le référentiel client				
	Valider et acheminer les ordres du client				
	Mettre en œuvre les conditions particulières du client				
	Exploiter les données historique au niveau client				

☞

2 Vente par canal généraliste

Thèmes transverses	Fournir un support technique aux vendeurs
	Systèmes informatiques

Processus	Produits et services attachés au compte
	Restitution au client d'informations de pilotage
	Produits de placement bilan
	Produit de placement tiers
	Monétique
	Documentation des opérations de financement
	Prescription des partenaires et spécialistes du groupe bancaire
	Prescription de partenaires hors groupe

Synthèse des risques opérationnels	Risque brut	Évaluation par le contrôle interne	Risque net	Commentaires
3 Vente par canal spécialiste	1	2	3	
Thèmes transverses	Assurer la synthèse client Maîtriser les techniques pointues Systèmes informatiques			
Processus	Produits de marchés et dérivés			
	Gestion de trésorerie et ingénierie des flux			
	Monétique et espèces grand commerce			
	Produits de *trade finance*			
	Fusions-acquisitions			
4 Vente par Internet				
Thèmes transverses	Sécuriser les processus transactionnels Systèmes informatiques			
Processus	Promouvoir l'alternative Internet			
	Fournir au client une clé d'accès confidentielle			
	Assurer l'efficacité des services transactionnels			

Matrice d'aversion aux risques

		Cartographie des risques opérationnels						
		Cotation des risques bruts						
	1 Gestion commerciale	Risque brut			Impact			Potentialité
		Calculé	Modifié	Global	F	I	R	
Thèmes transverses	Systèmes informatiques							
Processus	Ouvrir un compte							
	Documenter les comptes clients							
	Maîtriser des délégations de pouvoir et de signature							
	Gérer le référentiel client							
	Valider et acheminer les ordres du client							
	Mettre en œuvre les conditions particulières du client							
	Exploiter les données historique au niveau client							
		Cotation des risques bruts						
	2 Vente par canal généraliste	Risque brut			Impact			Potentialité
		Calculé	Modifié	Global	F	I	R	
Thèmes transverses	Fournir un support technique aux vendeurs Systèmes informatiques							
Processus	Produits et services attachés au compte							
	Restitution au client d'informations de pilotage							
	Produits de placement bilan							
	Produit de placement tiers							
	Monétique							
	Documentation des opérations de financement							
	Prescription des partenaires et spécialistes du groupe bancaire							
	Prescription de partenaires hors groupe							

☞

	3 Vente par canal spécialiste	Cotation des risques bruts					
		Risque brut			Impact		Potentialité
		Calculé	Modifié	Global	F	I	R
Thèmes transverses	Assurer la synthèse client						
	Maîtriser les techniques pointues						
	Systèmes informatiques						
Processus	Produits de marchés et dérivés						
	Gestion de trésorerie et ingénierie des flux						
	Monétique et espèces grand commerce						
	Produits de *trade finance*						
	Fusions-acquisitions						

	4 Vente par Internet	Cotation des risques bruts					
		Risque brut			Impact		Potentialité
		Calculé	Modifié	Global	F	I	R
Thèmes transverses	Sécuriser les processus transactionnels Systèmes informatiques						
Processus	Promouvoir l'alternative Internet						
	Fournir au client une clé d'accès confidentielle						
	Assurer l'efficacité des services transactionnels						

Exemple de communication de crise bancaire
Communiqué de presse

Paris, le 13 octobre 2008

Démenti de rumeurs

La Société générale dément formellement les rumeurs malveillantes lui imputant des pertes significatives sur son activité de produits structurés au cours des derniers jours, nécessitant une recapitalisation de la banque, et annonce qu'elle demande à l'AMF d'enquêter sur ces rumeurs et leurs conséquences sur le cours de son titre, comme elle en a le pouvoir en application de l'article 631-4 de son règlement général.

Société générale

Société générale est l'un des tout premiers groupes de services financiers de la zone euro. Avec 151 000 personnes dans le monde, son activité se concentre autour de trois grands métiers :

- Réseaux de détail & services financiers, qui comptent plus de 30 millions de clients particuliers en France et à l'international.
- Gestions d'actifs & services aux investisseurs, où le groupe compte parmi les principales banques de la zone euro avec 2 733 milliards d'euros en conservation et 381,4 milliards d'euros sous gestion à fin juin 2008.
- Banque de financement & d'investissement, Société générale Corporate & Investment Banking se classe durablement parmi les leaders européens et mondiaux en marché de capitaux en euros, produits dérivés et financements structurés.

Société générale figure dans 3 indices internationaux de développement durable : FTSE, ASPI et Ethibel.

Risk management dans les compagnies d'assurances

Typologies d'impact d'un incident en conformité avec Solvency II

Nomenclature des impacts		
Type Impact	**Nature**	**Manifestation**
Impacts financiers	Dégradation des performances financières	Rentabilité, délais, volumes de fonds propres, pertes d'exploitation, frais supplémentaires d'exploitation
	Manque à gagner	Non-réalisation ou abandon d'opérations, frais de reconstitution des médias
	Pertes financières directes	Sorties de fonds
		Pertes de valeurs (dépréciations)
		Frais de reconstitution des médias
		Amendes, pénalités, indemnisation
Impacts commerciaux	Perte de clientèles	Mécontentement / contentieux
		Résiliation unilatérale des contrats
		Perte de portefeuille
		Perte de parts de marché structurelles
Impacts en termes d'image	Perte de crédibilité	Interne (tensions sociales)
		Externe
	Atteinte à l'image du groupe	Article défavorable dans la presse spécialisée
		Baisse du cours de Bourse
		Perte d'image relayée par les médias nationaux et internationaux
		Diminution du cours de Bourse
Impacts pénaux ou disciplinaires	Condamnations et sanctions	Administratif
		Pénal

Cartographie des processus dans le secteur assurance

Processus de pilotage
Définir et décliner la politique générale
Déterminer les objectifs à moyen terme
Assurer la veille stratégique
Assurer la représentation auprès des institutions et autorités de tutelle - lobbying
Assurer la planification stratégique et opérationnelle via le *balanced scorecard*
Définir les politiques pour atteindre ces objectifs
Définir la segmentation marketing
Conduire les démarches de partenariat et de prescription
Décider des opérations de croissance
Définir la politique financière
Piloter le risk management
Identifier et hiérarchiser les risques
Définir une méthodologie de référence/ARM
Identifier les risques, mesurer leur impact financier en euros
Identifier et évaluer les contrôles en place et le niveau de couverture
Réaliser une cartographie des risques et des outils de contrôle
Définir les outils de gestion de crise
Piloter la maîtrise des risques
Élaborer les outils de pilotage, *key risks indicators*
Analyser les éléments de reporting et retour d'expérience
Mettre en œuvre et suivre les plans de réduction des risques
Auditer et contrôler le niveau d'efficacité dans la maîtrise des risques
Élaborer un programme de risk management
Piloter les *self-assessments*
Mener les plans d'audits/missions
Suivre la mise en place des recommandations et actions correctrices
Piloter la gouvernance
Établir les règlements des organes de gouvernance du groupe
Règlements intérieurs et déontologie des autorités de gouvernance
Définir les délégations internes de pouvoirs et de signatures
Actualiser les délégations

☞

Définir et contrôler les délégations internes
Vérifier le respect des obligations statutaires et légales
Préparer et tenir les réunions du comité d'audit et du comité des risques
Établir les comptes rendus des réunions des organes de gouvernance
Assurer les dépôts de publicité légale
Autres obligations légales et réglementaires
Établir le rapport annuel sur le contrôle interne et le risk management
Piloter la communication financière vers les *stakeholders*
Piloter la communication financière vers les actionnaires individuels
Autres zones géographiques à l'international
Piloter la conformité avec les autres réglementations sur le contrôle interne « Sarbanes-Oxley » pour la zone Amérique du Nord)
Piloter la stratégie groupe
Groupe
Décliner les objectifs du groupe et définir les *business plans*
Cadrer les objectifs de la société mère
Déterminer les objectifs globaux et par entité du groupe
S'assurer de la mise en œuvre des objectifs sur les zones géographiques et unités d'affaires
Anticiper l'atteinte des objectifs
Réviser les objectifs globaux
Filiales et sociétés affiliées étrangères
Décliner les objectifs et définir les prévisions d'activité
Valider le plan stratégique de chaque filiale étrangère et consolider
Apprécier les projets stratégiques proposés par les filiales et sociétés affiliées + co-entreprises
S'assurer de la mise en œuvre des objectifs
Élaborer le reporting des filiales et des sociétés affiliées + co-entreprises
Revoir la mise en œuvre du plan stratégique
Superviser la communication
Définir les objectifs de communication groupe
Communication interne
Définir les missions de communication
Définir les médias et le mix médias
Communication externe

☞

☞

Définir les stratégies de communication par canal
Définir le plan d'action de communication (par média et par cible)
Mettre en œuvre la communication
Communication interne
Assurer la veille, la collecte d'informations
Apprécier la pertinence de la communication avec les objectifs du groupe
Concevoir, vérifier et valider les informations
Réaliser les actions de communication (mix promotion)
Mesurer l'efficacité de la communication
Communication externe
Assurer la veille et analyser les résultats (tableaux de bord commerciaux)
Concevoir les actions de communication et l'alignement avec les objectifs
Formaliser et valider les actions de communication
Mettre en œuvre les actions de communication
Établir un reporting des actions de communication (efficacité)
Sponsoring, mécénat et fondations
Définir les objectifs et le plan d'action du mécénat et sponsoring
Mettre en œuvre le plan d'action du mécénat et sponsoring

Processus de support
Superviser les ressources humaines
Gestion prévisionnelle des emplois et compétences
Estimer les effectifs
Gérer la bourse de l'emploi et la mobilité internationale
Assurer la mobilité et le recrutement externe
Superviser la formation (collective, individuelle)
Piloter la masse salariale et les avantages au personnel
Gérer un outil d'évaluation de performances et compétences
Superviser les parcours professionnels des salariés et les mutations
Assurer la gestion administrative, statutaire des salariés
Suivre le dossier individuel
Coordonner le cycle de paie et effectuer les déclarations fiscales-sociales
Coordonner le temps de travail et les absences

☞

Administrer les frais de mission
Gérer le personnel en CDD, intérim et stagiaires, expatriés
Assurer la médecine de prévention et du travail
Coordonner les relations sociales et les structures de contre-pouvoir
Piloter les entités de gouvernance
Négocier les conventions, les accords d'entreprise
Conseiller dans le domaine des affaires sociales et le droit du travail
Piloter la conformité juridique et fiscale
Piloter la veille juridique et la sûreté juridique
Suivre l'évolution de la réglementation
Interpréter la législation et la traduire en règles de management
Respecter les exigences réglementaires et contractuelles (conventions)
Connaître et diffuser les obligations réglementaires intragroupe
Traiter les demandes des différentes entités du groupe
Répondre aux demandes officielles et arbitrer
Coordonner les engagements contractuels
Gérer les engagements contractuels des assurés
Superviser les engagements contractuels vis-à-vis des prescripteurs
Gérer les engagements contractuels vis-à-vis des sociétaires / des assurés
Gérer les engagements contractuels vis-à-vis des autres prestataires / parties liées
Gérer les engagements contractuels vis-à-vis des salariés
Coordonner les litiges
Prévenir les litiges (médiation et précontentieux)
Piloter les litiges (médiation et précontentieux)
Gérer le contentieux
Provisionner les dossiers (IAS 37)
Analyser les résultats (reprise sur provisions)
Exploiter les systèmes d'information
Organiser l'évolution du système d'information
Décliner la stratégie de l'entreprise en matière de SI
Définir l'organisation des SI et les règles de délocalisation / externalisations
Superviser les règles d'assistance maîtrise d'ouvrage
Piloter le budget de fonctionnement et d'investissement de la DSI
Financer les investissements informatiques et l'actualisation des frais de développement

☞

Recenser les besoins des métiers et faire un premier arbitrage
Appliquer les règles de contrôle interne sur les projets informatiques
Piloter les projets migration des SI et ERP/PGI
Gérer les relations avec les SSII tiers et l'infogérance
Prévenir les situations de crise informatique et simuler les plans de reprise d'activité informatique
Développer et livrer des applicatifs informatiques
Étudier la demande de la maîtrise d'ouvrage
Faire des études de faisabilité
Piloter la phase de conception générale
Piloter la phase de conception détaillée
Paramétrer
Réaliser les tests d'intégration/recette technique
Valider la solution
Procéder aux tests de recettes
Passer en phase de production
Fonctionner en parallèle
Mettre en production la solution
Réaliser le bilan de projet/bilan de mise en production
Suivre le *project office*
Gérer les ateliers transverses (reprise des données, etc.)
Mettre en œuvre la conduite du changement
Gérer la qualité et le contrôle interne du projet
Gérer le fond documentaire projet et applicatif
Exploiter les systèmes d'information en interne et en externalisation/délocalisation
Définir et gérer un niveau de service
Gérer les performances et capacité
Assurer une continuité de services
Assurer la sécurité des systèmes au niveau immatériel
Garantir la sécurité physique des installations
Gérer les données, apurer les bases
Gérer la configuration des systèmes
Gérer les problèmes et incidents – certifications SAS 70
Gérer l'exploitation informatique

☞

Gérer les moyens transverses
Gérer les achats et le renforcement fournisseur
Définir et analyser les besoins de l'entreprise
Gérer le panel des fournisseurs potentiels et gérer les consultations
Réaliser/renouveler les appels d'offres
Gérer la relation client/fournisseur actuel
Gérer les moyens généraux
Téléphonie, standard, réservation visioconférence
Définir et analyser les besoins/les demandes – calcul de ROI
Engager les commandes et suivre les dépenses
Gérer les moyens matériels
Maintenance
Définir et analyser les besoins et les demandes
Engager les commandes et suivre les dépenses dans l'ERP
Gérer les moyens matériels
Assurer la sécurité des biens et des personnes
Zone Union européenne
Assurer la sécurité opérationnelle
Assurer la sécurité par anticipation
Autres zones géographiques à l'international
Assurer la sécurité opérationnelle des expatriés
Gérer la comptabilité financière
Suivre et intégrer la réglementation comptable
Effectuer la veille réglementaire, participer aux principales instances
Interpréter les normes et les avis techniques comptables (IFRS, US GAAP)
Définir les schémas comptables autorisés et les intégrer dans les systèmes
Tenir la comptabilité (au fil de l'eau) hors cut-off
Administrer les référentiels comptables IFRS et US GAAP
Mettre à jour/diffuser les procédures comptables IFRS et US GAAP
Domaine assurances individuelles de personnes
Passer les écritures comptables (manuelles)
Domaine valeurs mobilières/OPCVM
Passer les écritures comptables (manuelles)
Passer les écritures comptables (semi-automatiques)

Domaine assurances collectives co- et réassurance
Passer les écritures comptables (manuelles)
Domaine assurances collectives
Passer les écritures comptables (manuelles)
Domaine Opex/charges d'exploitation
Passer les écritures comptables (manuelles)
Passer les écritures comptables (semi-automatiques)/classe 9-6
Domaine immobilier et participations non cotées
Passer les écritures comptables (manuelles)
Passer les écritures comptables (semi-automatiques) – apurement de charges
Effectuer les contrôles comptables et le contrôle interne associé
Contrôles des flux (déversements) / administratif des flux
Contrôler les comptes de bilan
Suivre le budget (contrôle de gestion) – réviser le budget
Collecter et contrôler les données
Préparer les états du budget et effectuer les actions correctrices en conformité avec la directive Transparence
Réaliser et formaliser les analyses
Répondre aux demandes d'explications et d'informations
Analyser les résultats (comptabilité analytique) – analyse d'écarts
Collecter et contrôler les données
Préparer les états d'analyse et effectuer les actions correctrices
Réaliser les analyses et répondre aux demandes ponctuelles
Arrêter les comptes et gérer le projet Fast Close
Domaine assurances individuelles
Intégration des données de gestion et interprétation
Justification et ajustements des comptes
Établissement et comptabilisation des écritures d'inventaire
Analyse et comptabilisation des écritures finales et administration de flux
Intégration des données de gestion
Justification et ajustements des comptes (test Impairment)
Établissement et comptabilisation des écritures d'inventaire
Justification et ajustements des comptes – revue analytique
Établissement et comptabilisation des écritures d'inventaire (IFRS 4)

Immobilier d'investissement (IAS 40)
Participations non cotées
Élaboration du dossier de clôture (arrêtés de comptes)
Domaine frais et charges communes
Saisie des factures et provisions
Salaires, logiciels et dotations aux amortissements
Refacturations intragroupe
Ajustements comptables des frais généraux du périmètre Union européenne
Arrêté des frais généraux
Ventilation des charges corporate
Répartition analytique en méthode ABC (comptabilité par activité)
Détermination du chiffre d'affaires partenaire / reconnaissance du CA (IAS 18)
Détermination des provisions et des comptes techniques
Réassurance/coassurance technique et financière
Production financière et contrôle du résultat
Domaine consolidation
Travaux préparatoires à la consolidation IFRS – US GAAP
Intégration des données
Retraitement consolidation, annulation Interco
Édition des états de synthèse consolidés et des annexes
Réaliser les déclarations fiscales, impôts différés
Collecter les informations et les données
Calculer l'assiette et l'impôt et effectuer les ajustements
Établir les déclarations fiscales et les liasses fiscales
Payer l'impôt (acomptes + solde)

Processus opérationnels
Concevoir et suivre les produits
Comprendre et analyser les besoins
Zone Union européenne
Étudier le marché et le comportement des consommateurs
Identifier les besoins des consommateurs
Identifier les besoins du distributeur
Évaluer les enjeux pour l'assureur
Concevoir l'offre
Formaliser l'offre d'un produit d'assurance
Réaliser l'étude d'opportunité commerciale
Réaliser l'étude de faisabilité
Élaborer la tarification (individuelle & collective)
Étudier la rentabilité (individuelle & collective) – ROI
Faire valider le produit par les autorités de gouvernance (individuel & collectif) – AMF
Élaborer les nouveaux produits ou customiser les produits existants
Rédiger la fiche produit et les documents contractuels – individuel & collectif
Finaliser la tarification – conditions de réassurance – individuel & collectif et co-assurance
Obtenir les autorisations réglementaires – individuel & collectif
Test commercial et enquêtes clients sur les nouveaux produits – individuel
Élaborer la communication client – individuel & collectif
Élaborer le cahier des charges du produit – individuel & collectif
Mise en gestion et recettage/industrialisation de l'offre
Recetter les applications – activer les frais de développement
Mettre en exploitation
Produire sous contrôle
Exploiter les systèmes
Distribuer les produits
Définir les objectifs annuels et formaliser les plans de déploiement
Négocier les objectifs de vente avec le partenaire
Décliner les objectifs et élaborer le plan d'action commercial
Mettre en œuvre le plan d'action commercial
Réaliser les supports marketing et *mix marketing*
Former les réseaux commerciaux et partenaires

☞

Animer les réseaux commerciaux (agents généraux)
Vendre et suivre la réalisation des objectifs
Vendre au partenaire
Suivre les résultats
Déterminer les actions correctrices
Assurances individuelles
Définir les objectifs annuels et formaliser les plans de déploiement
Négocier les objectifs de vente avec le partenaire
Valider les actions commerciales avec le partenaire
Mettre en œuvre le plan d'action commercial
Réaliser les outils d'aide à la vente
Réaliser les supports marketing + *mix marketing*
Faire souscrire et émettre le contrat
Retranscrire les informations client
Saisir et valider la souscription
Contrôler les documents contractuels et administratifs
Contrôler le dossier d'adhésion ou de souscription
Saisir et émettre les documents
Traiter les anomalies, les cas exceptionnels *incured but not reported* (IBR)
Archiver les documents du dossier d'adhésion/souscription
Appeler et encaisser les primes/cotisations
Encaisser les primes et régulariser les impayés
Encaisser les primes
Appeler les primes de versements réguliers
Encaisser les primes
Traiter les impayés et recouvrer les primes
Affecter les versements
Suivre la vie du contrat
Enregistrer les modifications de nature administrative
Enregistrer les modifications de nature contractuelle
Traiter les avances
Gérer les placements
Domaine valeurs mobilières
Déterminer les stratégies d'investissements

☞

☞

Gérer l'adossement actif/passif
Définir les stratégies financières
Gérer les limites par émetteur et le risque crédit groupe
Gérer la trésorerie et les portefeuilles financiers
Maîtriser le niveau de trésorerie
Passer les ordres sur les portefeuilles long terme
Gérer les placements de trésorerie
Gérer les garanties annexes
Adossement actif/passif des UC (unités de crédit)
Gestion postmarché
Valoriser
Suivis particuliers
Comptabiliser et calculer les résultats des portefeuilles

Cartographie des processus dans le domaine des mandats de gestion d'actifs du secteur assurance

Processus	Activité/procédure
Gérer les risques	
Gérer la mise à jour du programme d'activité	Suivre le programme d'activité, les données légales, l'adhésion
Gérer le contrôle interne	
	Établir la charte de contrôle interne et le plan de contrôle annuel en conformité avec solvabilité 2/8e directive européenne sur l'audit légal
	Gérer les procédures (procédure des procédures)
	Définir les règles pour la création et la commercialisation des nouveaux produits en conformité MIF
	Gérer les enregistrements téléphoniques en conformité CNIL
Contrôler les activités	
	Réaliser les contrôles de second niveau conformément au plan de contrôle Solvency 2/8e directive européenne sur l'audit légal
	Contrôler les délégataires de gestion
	Contrôler les prestataires - intermédiaires, dépositaires
	Réaliser les contrôles de second niveau des ratios réglementaires et statutaires solvabilité 2
	Réaliser la synthèse des contrôles et suivre les actions correctives ou d'amélioration prévues/produire les Key Risks Indicators
	Assurer les contrôles de conformité
	Réaliser les contrôles périodiques par l'audit interne
Gérer la conformité	
	Définir les codes, chartes, règles et modalités - déontologie, conflits d'intérêts, muraille de Chine, cadeaux et avantages, personnel sensible, *whistle blowing* en conformité avec le code ethique et déontologique
	Suivre la mise en œuvre des règles chartes, codes et modalités conformément à la réglementation et à l'audit de légalité
	Rédiger et diffuser les rapports de suivi selon la réglementation en vigueur (droit bancaire et droit des assurances)
	Assurer veille réglementaire (projets de directives européennes
Gérer la sécurité	
	Définir et suivre le Plan de continuité de l'activité et les procédures de gestion de crise associées
	Gérer les habilitations de signatures et délégations de pouvoir
Gouverner l'entreprise	
Gouverner l'entreprise	
	Définir et piloter les stratégies

Créer les produits et les suivre	
Créer les produits et les suivre	
	Concevoir les produits financiers
	Étudier la faisabilité de la demande entreprise via appels d'offres
	Suivre la création des nouveaux OPCVM
	Gérer le comité des nouveaux produits via le comité d'audit
Gérer les relations commerciales	
	Assurer la relation client et commerciale
Entrer en relation avec de nouveaux clients	
	Qualification du besoin du client
	Classification des clients en conformité MIF
	Tenue et mise à jour des dossiers clients
Optimiser la gestion des fonds	
Gérer les OPCVM - activités financières	
	Définir et mettre en œuvre les politiques de taux
	Définir et mettre en œuvre les politiques ALM
	Définir et mettre en œuvre les politiques pour la multigestion
	Sélectionner les intermédiaires, les brokers
	Intervenir sur les marchés à terme et de gré à gré
	Passer les ordres
	Passer les ordres sur OPCVM
	Valider les VL (valeurs liquidatives) suite à prévalidation *middle office*
	Analyser les performances
	Mettre en œuvre les décisions de CS (conseil de surveillance) / CA (conseil d'administration)
	Gérer les titres
Gérer les comités d'investissement et d'engagement	
	Préparer les comités d'investissement et reporter au comité d'audit
	Mettre en œuvre les décisions des comités d'investissement et d'engagement
Réaliser les opérations non financières sur OPCVM	
	Définir les politiques de vote et de contrôle
	Répondre aux demandes d'informations

Contrôler la gestion sur les fonds, informer	
Contrôler les opérations réalisées par les gérants/gestionnaires	
	Pré-valider les VL (Valeurs liquidatives)
	Contrôler et suivre la trésorerie
	Contrôler les opérations initiées par les gérants/gestionnaires
	Contrôler les délégations financières
	Contrôler et suivre le risque de contrepartie
	Suivre les ratios statutaires
Réaliser les opérations diverses	
	Suivre les interfaces SI et l'administration des flux
Gérer les rétrocessions de commissions sur OPCVM externes	
	Gérer les rétrocessions de commission
Réaliser les reportings sur les OPCVM gérées	
	Contrôler et suivre les données financières - référentiel et reporting périodique IFRS/Domestic GAAP/US GAAP
	Réaliser le reporting mensuel IFRS/Domestic GAAP/US GAAP
	Réaliser l'information aux porteurs de parts (performance des portefeuilles)
Gérer les conseils de surveillance (CS)/CA (Conseil d'Administration)	
	Gérer les membres des CS/CA
	Gérer les plannings et les convocations des CS/CA – Secrétariat des Sociétés
	Établir dossier présenté au CS/CA
	Gérer les présences aux CS/CA
	Archiver les procès-verbaux (PV) des CS/CA
	Suivre les mises en œuvre des décisions CS/CA
Réaliser les reportings sur les mandats	
	Contrôler et suivre les données financières - référentiel et reporting périodique en conformité IFRS/Domestic GAAP/US GAAP
	Contrôler et suivre le risque de contrepartie
	Suivre *a priori* et *a posteriori* les ratios statutaires Solvency 2
	Réaliser le reporting mensuel IFRS/Domestic GAAP/US GAAP

☞

Gérer la comptabilité des OPCVM	
Gérer les opérations comptables sur OPCVM	
	Création de portefeuille
	Valoriser les OPCVM (et définir règles et méthodes de valorisation), suivre l'équilibre du nombre de parts en conformité IAS 39 révision d'octobre 2008
	Établir les documents périodiques réglementaires en conformité IFRS 7
	Suivre *a posteriori* les ratios réglementaires Solvency 2
	Contrôler les erreurs de valorisation/IAS 39/tests de dépréciation
	Gérer les fonds garantis
Réaliser le suivi des différentes rémunérations	
	Gérer les commissions de mouvement sur OPCVM
	Gérer les frais de gestion variables sur OPCVM
Gérer les rétrocessions sur OPCVM	
Réaliser les tâches liées au pilotage	
	Définir l'ensemble des activités liées au pilotage
	Gérer les différentes tâches liées au pilotage
Gérer les fusions absorptions OPCVM	
Organiser le contrôle opérationnel	
	Définir l'organisation et les missions du contrôle opérationnel
	Présenter les outils de suivi et tableaux de bord intégrant les KRI
Gérer les RH et les relations sociales	
Gérer les collaborateurs	
	Déontologie, MIF/compétences et implication
	Gérer les détachements et rémunérations
Décrire les fonctions spécifiques liées aux mandats de gestion/gestion d'actifs	
Gérer la réglementation juridique et fiscale	
Gérer les agréments AMF- création OPCVM, mutation OPCVM, changements d'acteurs	Gérer les relations avec le régulateur

	Réaliser le suivi (dépositaire...)
Assurer la veille réglementaire	Organiser le lobbying
Gérer les conseils de surveillance	Vérifier le niveau de compétences des membres
	Réaliser les procès-verbaux des CS/CA
	Suivre le programme d'activité, les données légales, superviser le secrétariat des sociétés
Gérer les systèmes d'information (SI)	
Gérer les applications SI	Monter en puissance les releases
Gérer les demandes d'évolutions SI	Coordonner l'analyse fonctionnelle
Gérer les interfaces entre SI	Synchroniser les interfaces
Gérer la sécurité des applications	Tester les règles de sécurité applicative
Gérer le Plan de secours informatique	Tester les plans de reprise d'activité informatique
Gérer la comptabilité et les finances	
Assurer la gestion comptable	
	Définir les règles comptables IFRS/Domestic GAAP/US GAAP
	Gérer la comptabilité financière
	Arrêter les comptes et réaliser les bilans en intégrant la directive transparence
	Réaliser les documents d'information réglementaires
Suivre et gérer la trésorerie	
	Suivre et gérer les fonds propres IFRS 7
	Réaliser les rapprochements bancaires
	Gérer les acomptes sur dividendes
Gérer les fournisseurs	
	Gérer la facturation des fournisseurs
Gérer la comptabilité et les finances	
Gérer les budgets et les business plans	
	Élaborer le budget (charges et ressources) en conformité avec la directive transparence
	Suivre les budgets, réaliser les analyses (notamment définir les règles d'analyses et les critères), les intégrer dans le dispositif de communication financière
Gérer les rétrocessions sur OPCVM externes	

Exemple de polices d'assurance souscrites par un programme d'assurance

Exemple d'une police globale informatique

Garanties de base
Biens assurés
Tout matériel informatique
Logiciel, progiciels
Garantis au repos, en activité
Faits générateurs garantis
Incendie, explosion
Dommages électriques, électroniques
Bris de machine
Dégâts des eaux
Tempêtes, ouragans
Catastrophes naturelles
Chutes, heurts
Grêle, gel
Tremblement de terre
Grèves, émeutes
Chutes d'aéronefs
Franchissement mur du son
Malveillance délibérée
Sabotage
Contamination virale
Vol, intrusion, effraction
Utilisation fausses clés
Maladresse, négligence
Utilisation non autorisée de ressources informatiques interne/externe ☞

☞

Clauses TRI et ERI
Pertes financières générées par un dommage matériel et/ou immatériel
Informatique
Frais de reconstitution d'archives
Frais de reconstitution des médias
Frais supplémentaires d'exploitation informatique
Location d'un ordinateur de remplacement
Frais de communication de crise interne et externe liée au plan de survie
Extension risques informatiques
Garantie pertes de fonds affectant les comptes de la classe 5 (VMP, CCP, banque)
Caisse, régies d'avances, virements internes, provision des dépréciations de VMP
Jeux d'écritures illicites en cas de détournement
Virements effectués pour le compte de clients en cas d'acte de malveillance
Paiement des agios bancaires
Paiement des loyers restant à couvrir si recours à la location financement

Exemple de programme d'assurance responsabilité professionnelle d'une compagnie d'assurances

Polices d'assurance
RC professionnelle
Faits générateurs métier assurances, co- et réassurance
Convention spéciale détournements
Escroquerie
Détournement, abus de confiance
Faux en écriture, perte de fond et valeurs consécutives à une création, modification Suppression d'informations passibles de poursuites pénales
Autres clauses
Insuffisance de moyens
Erreurs ou omissions dans les ordres de la clientèle *Erreur de saisie de RIB* *Erreur de montant dans la saisie* *Erreur de saisie sur le nom ou prénom du souscripteur* *Rachat de capital suite à homonymie* *Rachat de capital suite à imitation de signature* *Changement de clause bénéficiaire créant un préjudice par rapport au bénéficiaire initial* *Modification de clause bénéficiaire entre demande de mise sous tutelle et mise sous tutelle effective du souscripteur* *Désignation bénéficiaire d'une association non reconnue d'utilité publique non identifiée par la compagnie au moment de la souscription* *Pertes pécuniaires favorisées par une négligence de l'assuré ou par inobservation de règles de prudence dans le secteur bancassurance* *Refus ou omission de renouveler ou de résilier un contrat d'assurance ou un traité de réassurance non justifié* *Refus ou omission ou retard dans le règlement d'un sinistre* *Erreur ou omission faites par un souscripteur de la compagnie*
Infraction avec la loi sécurité financière du 13 octobre 2003, dont : *Article 39 réforme démarchage bancaire et financier* *Article 42 réglementation de la profession de conseiller en investissements financiers* *Article 47 exercice des droits, notamment de vote, attachés aux titres détenus par les OPCVM gérées par les sociétés de gestion de portefeuille*
Défaut de conseil
Vente de produits inappropriés compte tenu du statut patrimonial du client
Versement de fonds à un mauvais bénéficiaire avec erreur imputable au commettant
Manque de performance des actifs en représentation
Mauvaise interprétation des normes IFRS
Erreur d'arbitrage dans l'allocation des actifs financiers

☞

Non-conformité des visites de site réalisées par l'AMF dans le cadre du contrôle des portefeuilles
Erreur de constitution de dossier ou non-respect des délais dans la procédure d'agrément AMF en termes de création d'OPCVM
Avertissement, blâme, interdiction temporaire ou définitive d'une partie ou de la totalité des activités
Sanctions pécuniaires du conseil de discipline des OPCVM
Erreur ou retard de publication dans la production de la valeur liquidative
Erreur de transmission dans l'identification des acteurs
Erreur de transmission dans la caractérisation en cas de changement de structure de l'OPCVM
Déclaratif des autres métiers du groupe combiné *Activité d'assurance et de réassurance* *Activité d'ingénierie et de prévention des risques* *Activités de courtage d'assurance ou de réassurance* *Activités immobilières* *Prestations de services informatiques* *Prestations de services logistiques* *Gestion épargne salariale* *Activité de gestion de portefeuille et de placement* *Production et négoce en vin* *Crédit-bail immobilier* *Protection juridique* *Recouvrement de créances* *Assistance et information* *Multiservices pour particuliers* *Aide aux personnes handicapées* *Gestion de centres sportifs* *Remise d'objets publicitaires* *Activités annexes connexes et/ou complémentaires* *Soins médicaux*

Extrait du rapport risk management du groupe AXA, 2007

Les informations de cette section viennent en complément de la « Note 4 aux états financiers consolidés », inclus dans la partie V de ce *Rapport annuel*, et sont couvertes par l'opinion des commissaires aux comptes sur les états financiers consolidés. AXA est exposé aux risques des marchés financiers au travers de ses activités de protection financière ainsi qu'au travers du financement de ses activités dans le cadre de la gestion des fonds propres et de la dette. Ces deux problématiques distinctes peuvent être synthétisées comme suit : gestion actif - passif des portefeuilles d'assurance.

L'une des fonctions de base de l'activité d'assurance consiste à investir les primes reçues des clients en attendant de régler les sinistres éventuels. L'investissement de ces primes doit tenir compte des conditions dans lesquelles ces sinistres sont réglés. C'est le domaine de la gestion actif - passif. De façon à protéger et à maximiser ses bénéfices, AXA gère activement son exposition aux risques de marché.

La gestion du risque de marché est d'abord de la responsabilité des filiales. Celles-ci ont en effet une connaissance précise de leurs produits, de leurs clients et de leur profil de risque. Cette approche leur permet de réagir de manière précise et ciblée et de s'adapter aux variations des conditions des marchés financiers, aux cycles du secteur de l'assurance et plus généralement aux modifications de leur environnement politique et économique.

De nombreuses techniques de gestion des risques sont utilisées pour contrôler et optimiser le niveau de risque de marché auquel les entités opérationnelles du groupe AXA et le groupe lui-même sont exposés :

- Gestion actif - passif et, particulièrement, définition d'allocations stratégiques d'actifs optimales.

- Couverture des risques financiers lorsqu'ils dépassent le niveau de tolérance que le groupe s'est fixé. Ceci comprend en particulier la couverture de garanties planchers sur produits d'épargne en unités de compte (« *variable annuities* »). Tous les produits nécessaires à la mise en place de programmes de couverture avec recours aux instruments dérivés sont exécutés avec l'assistance des équipes spécialisées des gestionnaires d'actifs du Groupe (AXA Investment Managers et Alliance Bernstein).

- La réassurance est également utilisée dans les produits de type GMIB (« *guaranteed minimum income benefit* », une garantie dans le cadre des sorties en rente sur les produits d'épargne en unités de compte) comme outil de réduction des risques financiers.

- L'équilibre global de la gamme de produits permet de profiter d'éventuels effets de couverture naturels entre différents produits.

- Des analyses d'exposition sont effectuées afin de piloter certains risques spécifiquement identifiés.

- L'exposition d'AXA aux risques de marché est minorée par la diversité de ses activités et de ses implantations géographiques, permettant ainsi d'obtenir une bonne diversification des risques. En outre, en vie, épargne, retraite.

AXA réalise une part importante de ses activités sur des produits en unités de compte pour lesquels la majorité des risques financiers est supportée directement par les assurés (la valeur pour l'actionnaire reste, néanmoins, sensible à l'évolution des marchés financiers).

Bibliographie

Publications de Pascal Kerebel

L'Assurance française, « Moyennes entreprises industrielles : faut-il souscrire un compte captif de réassurance », septembre 1995.

Revue Banque, « La captive de réassurance : une filiale à part entière ?! », janvier 1996.

Argus (juillet 1996) et *Risques* (juillet 1998), « Le risk management des conseils généraux : une approche complémentaire à l'assurance ».

Échanges, « Du crédit management au risk management : d'une approche globale de contrôle du risque client à une démarche transversale de contrôle des risques de l'entreprise », juillet 1998.

Autres auteurs

Blinn (James D.), Elliott (Michael W.), Head (George L.), *Essentials of Risk Financing, volume II,* Insurance Institute of America, 1993.

Bon-Michel (Béatrice), Chapoteau (Georges), *Contrôle interne bancaire*, Editea, 2008.

Chelly (Dan), Jimenez (Christian), Merlier (Patrick), *Risques opérationnels*, Revue Banque, 2008.

Mekouar (Richard), Veret (Catherine), *Fonction : risk manager*, Dunod, 2005.

Table des figures et tableaux

* 9 7 8 2 2 1 2 5 4 3 0 8 7 *